中国高校艺术专业技能与实践系列教材

国家产品艺术设计高水平专业群系列教材

智能产品开发基础

ZHINENG CHANPIN KAIFA JICHU

桂元龙 ◆ 总主编

黄衍标 ◆ 主　编

董立国　古智锋 ◆ 副主编

人民美術出版社

北京

图书在版编目（CIP）数据

智能产品开发基础 / 桂元龙总主编；黄衍标主编；董立国，古智锋副主编. -- 北京：人民美术出版社，2024.1

中国高校艺术专业技能与实践系列教材　国家产品艺术设计高水平专业群系列教材

ISBN 978-7-102-09218-8

Ⅰ. ①智… Ⅱ. ①桂… ②黄… ③董… ④古… Ⅲ. ①智能技术－应用－产品开发－高等学校－教材 Ⅳ. ①F273.2-39

中国国家版本馆CIP数据核字(2023)第161173号

中国高校艺术专业技能与实践系列教材
ZHONGGUO GAOXIAO YISHU ZHUANYE JINENG YU SHIJIAN XILIE JIAOCAI

国家产品艺术设计高水平专业群系列教材
GUOJIA CHANPIN YISHU SHEJI GAO SHUIPING ZHUANYEQUN XILIE JIAOCAI

智能产品开发基础
ZHINENG CHANPIN KAIFA JICHU

编辑出版　人民美術出版社
（北京市朝阳区东三环南路甲3号　邮编：100022）
http://www.renmei.com.cn
发行部：（010）67517799
网购部：（010）67517743

总 主 编　桂元龙
主　　编　黄衍标
副 主 编　董立国　古智锋
责任编辑　范　榕
装帧设计　雷　宇
责任校对　魏平远
责任印制　胡雨竹
制　　版　朝花制版中心
印　　刷　天津图文方嘉印刷有限公司
经　　销　全国新华书店

开　本：889mm×1194mm　1/16
印　张：9
字　数：244千
版　次：2024年1月　第1版
印　次：2024年1月　第1次印刷
印　数：0001—2000
ISBN 978-7-102-09218-8
定　价：60.00元

序 言
FOREWORD

喜闻桂元龙教授主编“国家产品艺术设计高水平专业群系列教材”即将付梓，欣喜之。

常记得著名美学家朱光潜先生的座右铭：“此身、此时、此地。”朱老先生对这句话的解读，朴素且实在：凡是此身应该做且能够做的事情，绝不推诿给别人；凡是此刻做且能做的事情，便不推延到将来；凡是此地应该做且能够做的事，不要等未来某一个更好的环境再去做。在当代高职教育人的身上，我亦深深感受到了这样的勤勉与担当。作为与中华人民共和国一同成长起来的新时代职教人，于教材创新这件事，他们觉得能做、应该做、应该现在做。于是，我们迎来了桂元龙教授主编的“国家产品艺术设计高水平专业群系列教材”。

情怀和梦想之所以充满诗意，往往因为它们总是时代的一个个注脚，不经意就照亮了人间前程。中华人民共和国的高职教育，历经改革开放 40 多年的发展，在新时代的伊始，亦明晰了属于自己的诗和远方。“双高”计划的出台，其意义不仅仅是点明了现代高职教育高质量发展的道路，更是几代人“大国工匠”的梦想一点点地照进现实的写照。

时光迈入新世纪第二个十年，《国家职业教育改革实施方案》《关于实施中国特色高水平高职学校和专业建设计划的意见》等政策文件的发布，吹响了中国现代职业教育再攀高峰的号角。广东轻工职业技术学院作为粤港澳大湾区内历史最悠久、专业（群）门类最齐全、全面服务产业转型升级的国家示范性高职院校，亦在 2019 年成功申报为国家“双高”职校，艺术设计学院产品艺术设计专业群成功申报为国家“双高”专业群，更是可喜可贺！“国家产品艺术设计高水平专业群系列教材”诞生在这样的背景下，于我看来，这是对我们近 40 年中国特色高等职业教育最好的献礼。

教材是教学之本，教育活动中，各专业领域的知识与技术成果最终都将反映在教材上，并以此作为媒介向学生传播。由此观之，作为国家“三教改革”重点领域之一的教材，其重要性不言而喻。依据什么原则筛选放入教材内容、应该把什么样的内容放入教材、在教材中如何组织内容，这是现代高等职业教育教材编制的经典三问。而“国家产品艺术设计高水平专业群系列教材”则用“项目化”“模块化”“立体化”三个词，完美回答了这一系列灵魂拷问。在高质量发展成为当代高等职业教育生命线的当下，“引领改革、支撑发展、中国标准、世界一流”成为广东轻工艺术设计高职教育者的新追求。以桂元龙教授为总主编的编写团队秉持这一理念和追求，率先编写和使用这样一套高水平教材，作为他们对现代高等职业教育的思考和实践，无疑是走在了中国特色高等艺术设计职业教育的最前沿。

这种思考和实践，无论此身、此时、此地，于这个时代而言，都恰到好处！

是为序。

中国工业设计协会秘书长

浙江大学教授、博士生导师

应放天

2022 年 7 月 20 日于生态设计小镇

前　言
PREFACE

随着信息技术的飞速发展，特别是近年来云计算、物联网、大数据和人工智能等颠覆性技术的迅速发展，与“云物大智”等新一代信息技术相结合的智能产品受到了大众消费者的广泛关注，“人工智能+行业应用”迅速成为各行各业的突破方向和研究热点。智能家居、智能穿戴、智能建筑、智慧城市、智慧医疗、智慧农业和智能制造等相关领域的产品也逐渐走进大众视野，成为人们生活中不可或缺的一部分。

产品设计是以技术、材料、机械和制作工艺等多学科知识为基础，针对用户需求和市场空缺，为用户问题寻找一种创新性解决方案的实践过程。任何新技术、新材料和新工艺的进步，都必须通过具体产品或具体应用传递给用户才能产生使用价值。具有跨学科能力的复合型专业人才既是行业用人的发展趋势，也是高校适应社会发展、突破传统专业限制的培养目标。本书旨在将新一代信息技术与产品设计进行结合，打破从“设计”到“技术”的认知壁垒，调和设计人员和技术人员之间的思维差异。

本书通俗易懂，主要面向没有技术背景的学生或产品设计人员，介绍智能产品相关的基础技术知识。一方面帮助产品设计人员理解技术的边界，合理利用技术进行产品功能上的整合创新；另一方面有助于减小设计人员与技术人员之间的知识差距，使产品设计师与技术工程师能够更好地沟通交流。为方便读者学习，本书的内容不涉及深入具体的技术，并刻意避免聚焦于具体的电路、程序、算法和开发平台。整本书主要以普及基本技术概念和介绍实现原理为主，并结合一些生活中常见的例子加深读者的理解，力求帮助非技术人员对智能产品的技术知识有一个整体框架的认识。

本书第一章主要介绍了智能产品的基本概念与理论，第二章和第三章分别讲述了智能产品技术实现过程中涉及的硬件技术基础知识和软件技术基础知识，第四章以空气加湿器为例，通过功能分析、硬件选型、软件功能设计等环节，介绍了智能产品技术实现的基本思路和方法。

由于信息技术日新月异，智能产品设计的标准也尚未统一，外加笔者水平有限，因此，书中可能存在不足之处，恳请专家和广大读者提供宝贵意见，共同促进这一领域的发展。

编者

2023 年 12 月

课程计划

CURRICULAR PLAN

章名	章节内容	课时分配
第一章 基本概念与理论	第一节　智能产品基础知识	2
	第二节　智能产品的技术实现思路、方法和原则	4
	第三节　智能产品的设计流程	2
第二章 智能产品的硬件基础 ——嵌入式开发技术	第一节　智能硬件的构成	2
	第二节　嵌入式处理器及常用芯片	2
	第三节　数据传输与常用通信技术	2
	第四节　信息感知与常用传感器	2
	第五节　结果执行与常用执行器	2
	第六节　人机输入及常用输入方式	2
	第七节　人机输出及常用输出方式	2
第三章 智能产品的软件基础 ——新一代信息技术	第一节　智能产品与物联网技术	2
	第二节　智能产品与人工智能	2
	第三节　智能产品和软件开发	2
	第四节　新一代信息技术背景下的智能产品架构	2
	第五节　Python编程入门	8
第四章 基于空气加湿器产品 案例分析	第一节　空气加湿器的功能分析	2
	第二节　功能硬件选型	2
	第三节　加湿器的功能实现	4
	第四节　加湿器造型及结构设计要求	2

目 录
CONTENTS

第一章　基本概念与理论

第一节　智能产品基础知识

第二节　智能产品的技术实现思路、方法和原则

第三节　智能产品的设计流程

第一章　基本概念与理论

本章概述

本章第一节介绍了智能产品的概念、分类和智能产品设计的关键因素，使学生对智能产品有基本的理解；第二节阐述了智能产品的技术实现思路、方法和原则，帮助学生消除对信息技术的畏惧感；第三节讲述了智能产品的设计流程，进一步加强学生对智能产品从无到有、从产品机会到产品发布全流程的学习和理解。

学习目标

帮助学生建立对智能产品的概念、设计方法和设计流程的基本认识，从产品机会发现与团队构建开始，到产品调研与需求定义，再到概念生成与测试评价，直至产品开发与生产制造，最后到产品发布与运营维护整个流程。让学生明白设计一款智能产品的知识边界，进而使他们可以根据自身兴趣、能力特点来确定适合自己的学习目标。

第一节　智能产品基础知识

一、产品的概念和分类

（一）产品的概念

无论人类社会怎么发展、时代怎么进步，社会的主体始终是人类，而人类的需求是不会变的，内至七情六欲，外到衣食住行，都需要通过大量的有形或无形的产品来得到满足，如生活中常见的纽扣、钢笔、螺丝钉，还有汽车、轮船和飞机，它们都可以在某些特定情况下为人类带来方便。这种能够被人们使用和消费，并能满足人们某种需求的东西，可能是有形的物理实体，也可能是无形的服务、组织、观念或它们的组合，在现代社会我们把它们统称为产品。产品在《现代汉语词典》中的解释为“生产出来的物品”，而在经济社会中，产品往往可以理解为组织制造出来的任何制品或制品的组合。简单来说，产品是为了满足市场需要而设计出来的功能或服务，是以使用为目的的物品和服务的综合体，它的价值是由用户来衡量的。

本质上，产品是一种能够满足用户需求、给使用者带来良好体验和实用价值，并且能为产品提供者创造利润的解决方案。它可以是有形的物品，也可以是无形的服务，或者是多种有形物品和无形服务的任意组合。

在营销学中，为了探讨消费者对产品的感受及如何进一步刺激消费者的购买意愿，通常使用核心产品、形式产品、期望产品、附加产品和潜在产品这五个维度来评估产品的本质。

1. 核心产品。产品最基本的层次是核心功能，即产品能提供给用户的基本效用和好处，也是消费者购买产品的真实动机。消费者购买某款产品并不仅仅是为了拥有该产品本身，更重要的是这个产品能满足自身特定需求。例如，智能手机的核心利益体现在它能让用户随时随地地拨打电话，同时还能满足用户处理公务和休闲娱乐等需求。

2. 形式产品。产品核心功能需要借助实体形式来实现，这个实体被称为形式产品。形式产品指的是产品在外观、特征、功能等方面所呈现给消费者的具体形态和形式。它是产品的物理存在，是让消费者能够感知、使用和享受产品的具体实体。它主要包括产品的构造、外形、品质、商标及包装等。

3. 期望产品。消费者在购买产品时，通常有一系列期望，包括产品质量、性能、功能和可靠性等方面的特征，以及与产品相关的服务、保修和售后支持等条件。这些期望属性和条件构成了消费者对产品的期望，也是他们购买决策的重要考虑因素之一。例如，对于购买洗衣机的人来说，期望该机器能省时、省力地清洗衣物，同时不损坏衣物、洗衣时噪声小、方便进排水、外形美观和使用安全可靠等。

4. 附加产品。主要指产品包含的附加服务和利益，主要包括运送、安装、调试、维修、产品保证、零配件供应和技术人员售后服务等。

5. 潜在产品。指的是在当前阶段，产品和其附加产品所具备的特征和功能，以及它们在未来可能发展成的潜在形态。潜在产品指明了现有产品可能的演变趋势和前景。

（二）产品的分类

产品有很多，形式千变万化，它们有多种分类方式：既有看得见的实物产品，也有看不见的无形产品；既有软件类产品，又有硬件类产品。而在本书中主要探讨下述分类：

1. 服务产品。通常是无形产品，它是为满足顾客的需求，供方（提供产品的组织或个人）和用户（接受产品的组织或个人）之间在接触时的活动以及供方内部活动所产生的结果，并且是在供方和用户接触时至少需要完成一项活动所产生的结果。例如，医疗、运输、咨询、旅游和教育等都属于服务型产品。

2. 硬件产品。通常是有形产品，它可以作为软件产品的支撑平台或环境，如电视机、电路板、智能音响等，也可以单纯地用于给用户提供使用价值的物理实体，如桌子、椅子、钢笔等。硬件产品具有可数的特性，往往可以用数量描述。

3. 软件产品。软件产品由计算机和智能设备内可读的数字信息组成，需要硬件平台或环境的支撑。软件产品通常是无形的，并以方法、记录或程序的形式保存在存储器中，包括运行在服务器、计算机、手机、平板和各种智能设备上的程序，例如微信、淘宝和王者荣耀等。要特别注意的是，软件产品一定要依托于硬件平台而存在，如微信程序的运行离不开手机或电脑、服务器和各种网络设备的支持，本书涉及的智能产品大多数为电子硬件和软件的产品组合。

4. 流程性产品。流程性产品通常是有形产品，是将原材料转化成某特定状态的有形产品，其状态可能是流体、气体、粒状、带状。例如润滑油、布匹，其数量具有连续、可计量的特性，往往用计量值描述。

需要注意的是，现实中产品分类并没有这么理想化，稍微复杂一点的产品可能会由多个不同类别的子产品组成。例如，汽车是由硬件产品（如发动机、轮胎）、流程性产品（如汽油）、软件产品（如车载嵌入式系统）和服务产品（使用指南、保修等）组成的。

二、产品和智能产品

我们生活在一个充满人造物品的世界，从器物到建筑，从工具到用品、武器或衣、食、住、行等各种生活物品，共同构成了一个相异于自然界的人造物品世界。事实上，从石器时代开始，人类就一直在不断地创造各种工具和物品，这个创造活动既是为了提高生活质量，更是为了生命的存在和延续。尽管人类经历了漫长的历史变迁，尽管技术的发展已不能同日而语，但人类造物活动从未停止，其目的和意义也从来没有改变。近代以来，我们把这种创造活动称为“设计”，它的本质就是将人类的目的或需求转换为一个具体的物品、工具或服务的造物过程。

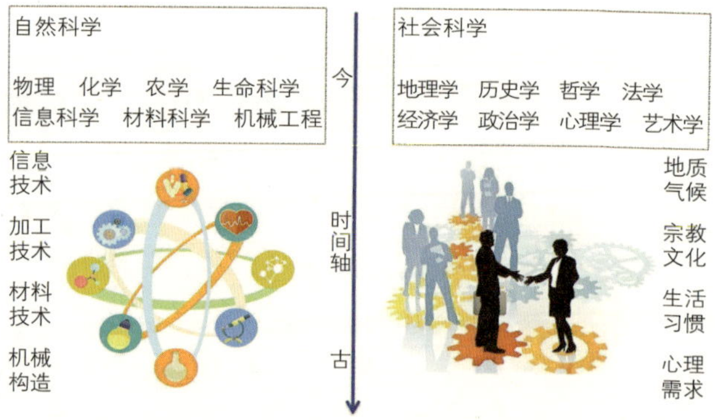

图 1-1　产品设计与科学的关系

（一）产品设计的知识范围

产品是为了满足用户需要和市场需求而创建的用于运营的功能或服务，它可以是有形的物质产品，也可以是能量形态的无形产品和能满足用户心理诉求的任意东西。如何“创造”出一种既能满足用户需求、填补市场缺口，同时又能让产品经营企业盈利的多方共赢产品方案，是产品设计的根本目的。

设计是一门跨学科的专业，它将创新、技术、商业、研究和消费者紧密联系在一起，共同进行创造性活动。设计通过可视化操作对待解决的问题进行重新解构，并提出解决方案，以便建立更好的产品、系统、服务、体验及商业网络，为行业提供新的价值和竞争优势。设计通过其输出物对社会、经济、环境及伦理方面的问题作出回应，目的是创造一个更好的世界。

产品设计旨在引导创新、促发商业成功及提供更好质量的生活，是一种将策略性解决问题的过程应用于产品、系统、服务及体验的设计活动。产品的设计应从“解决问题”的本质入手，而不是从“创造事物”入手，更不是从“造型、美化”入手，产品设计是针对问题的探索、研究、验证、定位、优化和创新解决方案的过程。产品设计涵盖了从发现产品机会到产品调研、概念生成、设计制作和发布运营等一系列环节的方方面面，其主要内容是制订产品设计任务书及实施设计任务书中的项目要求，包括产品的功能、性能、结构、规格、形式和材质，还有质量、寿命、可靠性、使用条件和应达到的技术经济指标等。在整个设计的过程中，涉及大量交叉学科的知识，包括信息技术、加工技术、材料技术和机械构造等自然学科的知识，以及美学、经济学、社会学、管理学、地理和历史等社会学科的知识，如图 1-1 所示。

自 20 世纪计算机技术诞生以来，人工智能和微电子技术在各国政府和财团的推动下得到了快速发展，特别是云计算、物联网、大数据、人工智能等新一代信息技术的飞速发展，使人工智能已经应用到了各行各业。智能产品就是伴随着人工智能等信息技术发展起来的新型产品，它们通常具备一定的自主性，且自动化程度高，在使用或工作过程中可以减少人工干预甚至完全自主工作。

目前人工智能等信息技术已经深入到了各个领域，并形成了各种人工智能（AI）产品，常见的 AI 产品包括以下几类：

1. 智能家居产品：智能灯具、智能电视、智能空调、智能洗衣机、智能电饭煲、智能锁和智能监控等。

2. 智能穿戴产品：智能手表、智能手环、智能耳机、智能眼镜、智能戒指、智能服饰、智能运动鞋等。

3. 智能机器人产品：包括各种医疗机器人、工业机器人和服务机器人等。

4. 其他各行业智能应用产品：智慧农业、智慧城市、智能安防和智慧金融等行业产品。

（二）智能产品的构成

智能产品的本质仍然是产品，它在传统产品外观、造型和结构的基础上集成了信息技术，具备了逻辑思维能力和自主决策功能。智能产品又可以分为软件智能产品和硬件智能产品，一台功能完备的硬件智能产品必须具备灵敏准确的感知功能、正确的思维与判断功能以及行之有效的执行功能，为保证产品各模块能够正常工作，还必须提供稳定可靠的工作电源和运行平台（电路板）。在此基础上，如果产品需要与人互动，则还需要集成输入功能和输出功能；如果产品需要与其他产品或设备进行数据传输，则还需要加入通信功能。典型的硬件智能产品的构成如图 1-2 所示。

其中“隐藏”在产品内部的嵌入式系统是智能产品与普通产品最大的不同。嵌入式系统包括硬件部分和软件部分，其中硬件部分指的是嵌入式系统中看得见、摸得着的部分，是软件得以依托的基础和运行的载体，它主要包括以下几大类：

1. 嵌入式处理器：嵌入式系统的“大脑”，进行逻辑思维和推理判断的硬件基础。

2. 传感器：智能产品通过它感知产品周边现实环境下的各种信息。

3. 执行器：智能产品通过它将逻辑计算和智能决策结果作用于外部环境。

4. 输入设备：用户通过它将信息传递给智能产品。

5. 输出设备：智能产品通过它将信息传递给用户。

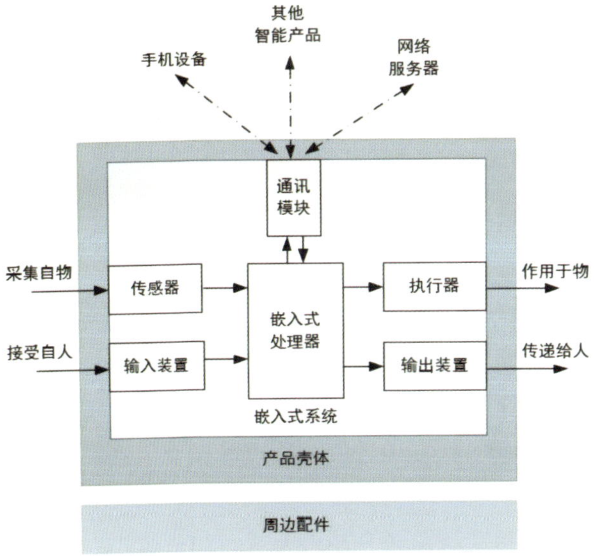

图 1-2　硬件智能产品的构成

6. 通信设备：用于跟其他产品或服务器设备等进行数据传输或信息交换。

7. 其他硬件：包括电源电路、复位电路、存储设备等。

嵌入式系统中的软件是运行在硬件中的程序，它是整个嵌入式系统的灵魂，是产品能够进行智能感知、逻辑推理和智能决策的“血液”。嵌入式软件从形式上可分为驱动程序、系统程序和应用程序三大类，其中驱动程序是硬件和软件的“黏合剂”，系统程序通过驱动程序才能调用硬件；系统程序是应用程序运行的平台，也是对整个嵌入式系统中软硬件资源的管理程序；应用程序则是针对功能需求而开发的代码集合，是用户对产品功能需求的集中体现。

在智能产品应用案例中，嵌入式软硬件是技术开发和功能实现的基础。例如，在嵌入式系统中通过选用合适的硬件接口并设计适当的软件算法，就可以让智能产品借助海量的远程服务器来进行“云计算”，对服务器上存储的海量“大数据”进行调用，并通过各种“人工智能”算法进行逻辑推理和智能决策，很多时候，还会给各种产品加上无线通信接口并组网形成“物联网”，其他诸如区块链、虚拟技术、移动互联网等新一代信息技术的运用也是同理。

三、影响智能产品设计的关键因素

智能产品是随着技术时代发展的必然产物。日新月异的新技术、新材料和新工艺并不能直接让人类的生活变得更美好，必须把它们转化为产品，才能为人类创造福祉。在从技术到产品的转化过程中，不恰当的设计常常导致无法实现技术的转化，无法达成预期目标。如误判意图的智能音响、举止骇人的人形机器人等，这些有缺陷的设计常常会给人们的生活带来很多困扰，甚至还可能造成巨大的破坏，危及人类生命。

新兴技术的产品化，常常是由技术创新推进的。设计师和相关领域的人员只有清楚这些技术的特性、边界和应用范围之后，才有可能实现技术到产品的转化。特别是随着新技术的使用门槛和部署成本不断降低，设计师等人员有更多机会发挥自己的作用，引领相关产品的设计与开发走向多样化和精细化，从以人为本的角度重新思考技术的价值，打磨出真正具备竞争力的产品。

近年来，以人工智能、大数据、云计算、物联网等为代表的新一代信息技术发展迅速，越来越多更快、更好、更强的人工智能算法、系统和平台日趋成熟，特别是在图像识别、语音识别、生物识别和深度学习等应用领域已经取得了很多历史性的突破。但消费者不会为这些算法和技术买单，算法和技术的价值想要得到消费者的认可就必须把它们体现在产品、服务或者系统的创新中，把它们转化成更优秀的产品，改善人们的生活。在这个转化的过程中，必须综合考虑技术、文化、艺术、人因和商业等因素，这些因素共同“构成”一个设计的过程，而因素内部的打磨、凝练和配合协调是技术顺利转化为产品的基础。

（一）技术因素

技术因素考虑的代表性问题是：产品怎么做？

技术因素是智能产品概念能够产品化的关键。智能产品设计的过程，以及智能产品最终的载体，都离不开技术因素的支撑。无论多好的灵感，多有想象力的概念，要变成用户既可以购买又可以使用的商品、系统或服务，一定会涉及大量的技术问题。例如，将看不见、摸不着的概念变成一张图纸，需要平面或三维等产品设计的软件技术；将图纸变成产品模型，需要用 3D 打印等打样和建模技术；为这些模型赋予基本的功能，从而可以测试概念是否合理，需要快速原型的软硬件开发技术；进入小批量试制或大批量生产后，则需要用到模具、材料、机械和自动控制等技术。本书讨论的智能产品的开发、部署和使用，必然离不开物联网、人工智能、大数据和云计算等技术的支持。技术因素是创新设计最本质的特征之一，也是实现预期功能、达到预期性能和产品落地实施的关键。

此外，技术因素也是一款产品能在激烈的市场争夺中得以存活、保持优势的关键。在网络信息时代，尽管互联网打破了知识和信息的极度不平等，知识获取的门槛越来越低，技术商品化的趋势越来越明显，但技术因素却仍然是创新设计中的一个非常重要的角色。例如，技术壁垒、技术秘密等的存在，都在强调和证明技术对于一款产品甚至一个企业的重要性，强调技术因素在产业价值体系中的基础性和决定性作用。相对于其他的设计因素，优秀的技术因素往往有一定门槛，难以模仿和抄袭。技术创新给产品带来的竞争力，经常会优于商业模式的创新、艺术因素的创新和文化因素的创新。事实上，很多最初由商业驱动、业务驱动的企业，在它们发展到一定规模和阶段后，往往都会投入大量人力、物力和财力成立以技术创新为核心的研发部门，这也从侧面证明了技术因素的重要性。

（二）人因因素

人因因素考虑的代表性问题是：产品怎么用？

管理学大师彼得·F. 德鲁克有句名言：“不考虑人因，其他所有的生产因素都是没用的。”产品设计和生产的目的是满足人们对物质文化生活的需求，提升或扩展人的能力，为人创造新的价值。如果不考虑人的因素，即使最先进的算法也无法真正体现其价值。而设计的本质，不是仅仅做出看起来精美的产品，更重要的是创造出能为人们带来价值的产品。

人机工程是设计中考虑人因因素的重要体现。人机工程学主要研究人、机器、环境的相互作用和相互制约，使得设计输出更加符合人类的生理和心理特点。人机工程主要研究人体尺度、生物力学特征等。例如，为了设计一把椅子，必须先要参照用户群体的人体尺寸数据，才能确定椅子的各部位尺寸。手机设计也是同理，在物理键盘时代，需要基于人机工程的研究结果考量物理键盘的分布、键帽的大小和形状、按键的力反馈等设计因素；而在触摸屏时代，也同样需要考虑大量人机工程的内容。例如，随着屏幕越来越大（或者越来越小，如智能手表），应该如何设计应用的交互界面、虚拟键盘、触觉反馈等，以满足用户的输入需求？

除了人机工程外，用户体验也是设计中人因因素的重要内容，特别是消费类智能硬件或者智能软件，在设计阶段往往需要重点关注和考虑用户的认知和心理感受等。

（三）商业因素

商业因素考虑的代表性问题是：产品怎么卖？

商业因素的思考主要涉及构建和发展合理的商业模式，即企业如何创造、传递和获取价值。创造价值是指企业基于用户需求提供解决方案的过程；传递价值是企业通过多种渠道向用户交付解决方案的过程；获取价值是指企业通过一定的盈利模式持续获得利润的过程。构建合理的商业模式，获取足够的利润是团队能够继续创造新的价值、企业得以生存和发展的必要保障。

在智能软件产品领域，经常出现各种“免费模式”，如“免费使用＋广告植入”“免费使用＋收费增值服务”等。例如，很多手机 App 就是典型的“免费＋广告”盈利模式。办公软件 WPS 采用“免费＋广告＋会员”模式，王者荣耀采用“免费＋合作＋收费增值服务”模式。

商业模式画布是思考商业因素的常用工具，它将商业模式设计过程拆解为多个任务，让不同领域的团队能够一步步厘清现状，提出切实可行的商业模式。商业模式画布主要从以下九个方向来考量商业因素：

1. 价值主张：为用户或客户提供什么产品和提供什么服务或价值，帮助用户解决什么根本问题？

2. 客户细分：目标用户群体是谁？

3. 核心资源：拥有什么核心资源可以保证所有商业行为的执行与落实？

4. 关键业务：需要实现哪些关键业务才能使得用户和服务能够正常运行？

5. 渠道通路：通过什么方式或途径将出品或服务传递给用户，并使得用户能够为此买单？

6. 客户关系：通过什么方式或机制可以保证产品服务和用户之间拥有长期的利益关系？

7. 合作伙伴：需要和哪些上下游企业进行重度合作？

8. 成本结构：在所有的商业运作过程中包含哪些成本支出？

9. 收入来源：企业的主要收入来源是什么？

（四）文化因素

文化因素考虑的代表性问题是：产品怎么火？

设计中考虑文化构成，最基本和最常用的思考是：在产品的外观、造型和使用方式等方面如何显得“有文化”？

文化可以分为三个层次，第一层次为有形的、物质的；第二层次为行为习惯、仪式习俗的；第三层次为意识形态、精神层面的。这三个层次在产品设计中分别对应到材质和视觉、功能和交互、体验和品牌。因此，产品设计中的文化表达不仅要有视觉上的设计，更应该有交互、功能和服务等每个层面的设计。

第二节　智能产品的技术实现思路、方法和原则

智能产品设计是一个多学科交叉领域，智能产品设计的学习和实践需要从两个方面来展开：一方面是以工业设计为代表的设计面，这一面需要学习和掌握关于工业设计、产品设计、交互设计和用户体验等知识和技能；另一方面是以新一代信息技术为代表的技术面，这一面需要学习一定的计算机、电子、嵌入式、大数据、人工智能、物联网和云计算等知识。设计面和技术面是智能产品设计绕不开的口，对于技术人员来说，可以不用深入掌握设计，但必须全面了解设计；同样，对于设计人员来说，可以不用深入掌握技术细节，但必须全面了解技术。

图 1-3　世界第一台通用计算机 ENIAC

一、智能产品的技术基础

（一）技术发展的困境

人类社会每一次生产技术的进步都给人类社会带来了巨大的变化。18 世纪末，英国的瓦特改良蒸汽机后，工场手工化生产逐渐转变成机械化动力生产，人类体力劳动大幅减少，生产力还得到了极大提升；随着 19 世纪中期电力的发明和应用，人类社会再次进入电气时代，这个阶段出现了电动机、电话、内燃机和电灯，促使整个人类社会的生产和生活都出现了颠覆性的改变。汽车让我们人类拥有了跑得更快的腿、内燃机让我们变得力大无穷、飞机让我们拥有了飞翔的翅膀、电话让我们拥有了能千里传音的绝世内功，但这些都必须要在人的操控下才能完成，那么有什么能代替人类的大脑呢？

（二）最强大脑的诞生

1946 年，美国宾夕法尼亚大学诞生了一个占地面积约 170 平方米，高 2.4 米，有 30 个操作台，重达 30 吨，耗电量 150 千瓦，造价高达 48 万美元的“大怪物”，如图 1-3 所示。它就是世界上第一台通用计算机埃尼阿克（ENIAC），它每秒能计算 5000 次，是当时人类手工计算速度的 20 万倍。毫无疑问，它将会成为人类的“最强大脑”。

（三）计算机相关技术的快速发展

自第一台通用计算机 ENIAC 问世后，科学家很快发现了它潜在的巨大价值。在接下来的几十年，欧美国家众多工业巨头嗅到了计算机后面蕴藏的商机，纷纷往计算机和微电子领域注入大量的研究资金，于是一批又一批的科研人员投入到对这个“最强大脑”的拓展应用中来。计算机不会感知，就研究出了传感器拓展其感知能力；计算机无法改变外部环境，就研究出了执行器拓展其执行力；计算机跟人没法交流，于是研究出了人机交互装置；计算机不会交流，于是研究出了各种网络通信方式；计算机和周边硬件体积太大了，于是大力发展

微电子技术，各种超大规模集成电路可以把整个系统体积大大缩小的同时还能把性能大幅提高。自此，将计算机这个“最强大脑”应用到各行各业终于成为可能，嵌入式技术也随之诞生。

二、智能产品的技术实现方法

（一）人体功能参考模型

模拟人类、辅助人类、代替人类工作或延伸拓展人体功能是硬件智能产品的主要作用。我们人类在工作或执行某项任务时，大脑会根据大脑中存放的知识以及我们的感知器官获取到的信息来进行逻辑推理和计算，并把大脑思考的结果通过语言或肢体表达出来。人体简化功能如图 1-4 所示，其中，我们身体对周边环境的感知主要是通过眼睛的视觉能力、耳朵的听觉能力、鼻子的嗅觉能力、舌头的味觉能力和皮肤的触觉能力来实现的。大脑的思考结果可以通过嘴巴以语言的形式表达出来，也可以直接通过手脚形成肢体动作传递到周边环境。例如，太阳下山后，眼睛渐渐看不清东西，大脑就知道天要黑了，然后发送开灯的信号给我们的身体，身体接到信号后，让脚走到电灯开关的附近，让手去把灯打开，于是完成了一次天黑后开灯的过程。

（二）人体功能简化法

人工智能是一门研究如何模拟、延伸和拓展人类智能的技术，它必须通过某种途径（比如工具或服务）来满足人类的需求或解决用户的问题。而智能产品是人工智能及各种相关技术的具象化实体，人类通过它才能体会到智能科学给人类带来的进步。

智能产品的技术实现过程，其本质是如何借助人工智能及各种技术来模拟人类的信息感知、判断思考和结果输出的整个过程，也是寻找合适的模块替代人体器官功能的过程。人体功能与技术模块替换关系如图 1-5 所示，人类大脑是核心，用来进行学习、思考、决策和判断等，眼、耳、鼻、舌、身用来进行各种信息的感知，手、脚和嘴巴甚至身体可以把我们思考的结果以某种指定的方式传递出去。把人类的功能映射到一个智能产品中，就可以选用嵌入式处理器作为大脑，用视觉传感器、听觉传感器、嗅觉传感器、味觉传感器、触觉传感器作为感知装置，用各种执行器作为输出装置，输入/输出装置作为人—机互动接口，通信模块作为机—

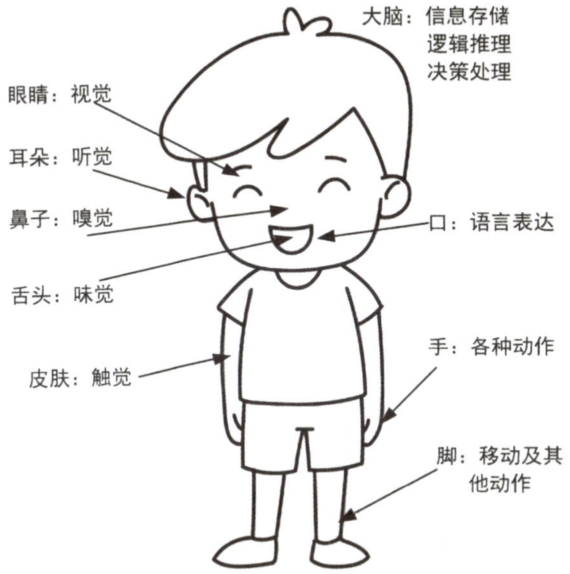

图 1-4　人体功能示意图

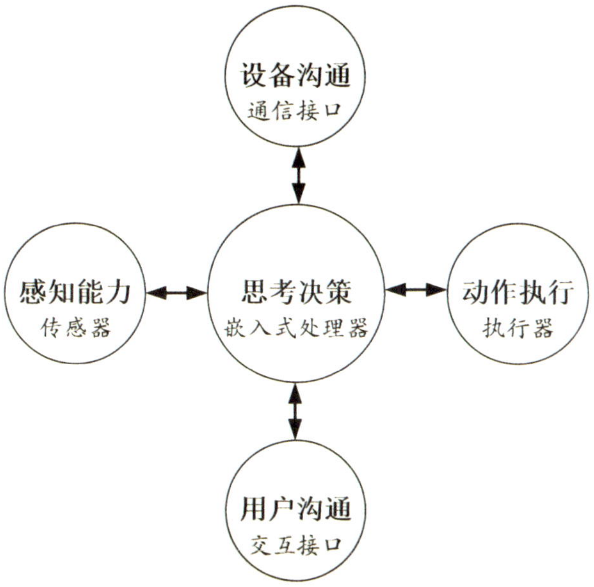

图 1-5　人体功能与技术模块替换关系

机互动接口。

在进行智能产品技术设计时，就可以模拟人类对指定应用场景的感官需求和处理方式来给“大脑”选配合适的感官和肢体。可以用摄像头等视觉类传感器来代替眼睛看，可以用噪声传感器、麦克风等听觉类装置来模拟耳朵听，用对应的气体检测传感器来代替鼻子检测要闻的特定气体，用对应物质的化学物品检测传感器来实现对指定物质的检测，用对应的硬度、温度和湿度传感器来代替皮肤对硬度、温度和湿度的感知。需要把“大脑”思考处理的结果传递给用户时，可以配上音频播放装置代替嘴巴让它“说”出来，也可以给它装上各种执行器代替手脚传达出来，还可以给它搭载通信模块以方便把信息传递给其他智能系统。在智能产品的使用过程中，如果需要与用户进行互动的话还会用到各种输入装置和输出装置，最后根据具体的功能要求、性能要求和算法复杂度等指标选用合适的嵌入式处理器作为大脑，通过电路把它们连接起来就构成了智能产品的硬件系统，最后开发相应的软件程序就实现了智能产品的技术功能。

（三）人体功能简化法的基本步骤

在这里，我们把参考、模拟人类完成任务的设计过程称作人体功能简化法，利用人体功能简化法来进行智能产品的技术实现过程可以分为以下几步：

第 1 步，分析人类完成该项工作的过程，明确完成这项工作要用到的人体机能和决策步骤，比如人类在完成该任务时需要通过眼睛看什么，耳朵听什么，鼻子闻什么，舌头尝什么，皮肤感知什么？大脑要对接收到的信息做何种判断决策，判断决策的结果是通过嘴巴、手还是脚体现出来？

第 2 步，把用到的感知器官和对应的感知对象、大脑判断决策的思路及思考结果的执行方式列出来。

第 3 步，根据人体功能参考模型，选择能模仿人体机能并满足应用需求的传感器、执行器和微处理器，有人机互动时加上输入 / 输出装置，需要跟其他产品或设备互动时则加入通信模块，最终就构成了一个智能产品的硬件系统。

第 4 步，根据产品概念预设的功能，设计相关程序流程图并开发相应的软件程序，将软件程序写入硬件系统就得到了完整的产品功能。

三、智能产品的技术实现原则

在进行智能产品的嵌入式系统设计过程中，必须遵循一些基本的原则。这些原则既是设计的基本原则，也是用户和市场评价智能产品的基本标准。主要有以下原则：

1. 功能完整。产品是指作为商品提供给市场，被人们使用和消费，并能满足人们某种需求的解决方案。智能产品的功能主要通过技术手段实现，如果开发出来的产品功能不够完整，轻则会导致产品市场占有率降低，重则产品被用户市场抗拒。

2. 设计科学。智能系统的设计过程中，需要用到大量自然科学知识，因而必须严格遵循各种客观自然规律。比如，照相机镜头加增透膜必须遵循光的反射原理和折射原理；冰箱智能控温系统必须遵循汽化吸热、蒸发制冷的科学原理；智能产品涉及动力装置时须遵守能量守恒和转化定律等。

3. 系统可靠。系统可靠性是指智能产品在规定的时间和规定的条件下能够完成指定功能的能力。智能系统的可靠性又可以分为三个方面：第一个可靠性是运行的稳定性，指系统能够长期稳定运行，不会出现死机等异常状态；第二个可靠性是指智能产品执行结果的可靠性，如智能空调能快速把空间温度调整到指定值、送餐机器人能把餐盒送到正确的位置等；第三个可靠性是指系统的安全性，即智能产品在工作过程中不会对用户和周边环境造成直接的伤害，更不会因系统突发故障影响用户的生命安全。

4. 成本合理。成本合理是指用较低的成本获得较好产品的原则。设计者应该从合理选用电子元器件及材料、制定合理的设计要求、注意加工工艺的经济性等方面综合考虑，使整个产品的实现能符合经济性原则。

第三节 智能产品的设计流程

无论是什么形式的产品，它们的设计开发过程都可以归纳成五个阶段：机会发现与团队构建、产品调研与需求定义、概念生成与测试评价、产品开发与生产制造、产品发布与经营维护。在每个阶段，各种形式的产品开发都有其共通的原则与方法，也有各自特别的关注点与模式。本书主要从信息技术角度，介绍智能产品开发的设计阶段，即从发现产品机会到构建概念原型阶段的相关知识与方法。

一、机会发现与团队构建

（一）机会识别

产品来源于想法，这些想法就是团队讨论过程中经常听到的“要做满足用户何种需求的产品”，它们也被称为产品的机会。产品的设计开发过程是对产品机会不断细化、修正、实现以及验证的过程。寻找到有价值的机会是产品成功的第一步，这个过程被称作机会识别。它通常可以分为确定产品宗旨、机会挖掘与探索、机会评价与筛选 3 个步骤。

1. 确定产品宗旨

确定产品宗旨，即明确产品需要实现的目标。该步骤初步明确了产品的领域、主要形式和目标用户等因素，是后续机会探索与挖掘的基础和出发点。产品宗旨通常可以用简洁明确的一句话概括。例如，一个玩具公司想要开发新的产品，它的产品宗旨可以描述为“一款针对学龄前儿童的电子拼图类玩具，通过增强现实技术来实现，并在一年内向市场推出”。

对于大型企业来说，产品宗旨通常是由企业管理者提出；对于独立的团队，产品宗旨通常由团队内部讨论得出或由创意最初发起人员提出。产品宗旨可以来源于对用户需求的洞察、对某一领域产品市场现场的剖析，以及个人生活体验等。

2. 机会挖掘与探索

确定产品宗旨后，即可进入机会挖掘与探索阶段。产品机会的“量”是“质”的前提，因此，在该过程中，团队会借助各种策略产生大量想法，作为后续机会筛选评估的保障。

头脑风暴是设计团队在该过程中常用的一种方法。在设计过程的初期，特别是在明确设计问题与设计需求后的创意开发阶段，头脑风暴法能够极大程度地激发团队的创造力，使其在短时间内收获大量的创新构想。

为了给团队创造一个安全舒适的交流平台，使团队成员能够高水平发挥，头脑风暴应该遵循以下 4 个原则：

（1）追求数量。头脑风暴以“数量成就质量”为前提，团队成员无须考虑实用性、可行性等因素，只需尽可能多地提出不同想法。

（2）暂缓批评。为了保障想法的表达与交流，头脑风暴过程中成员对他人想法不随意提出异议或者批评。

（3）随心所欲。头脑风暴鼓励团队成员从不同角度提出想法，确保其思维不受束缚。

（4）彼此借鉴。头脑风暴过程中鼓励成员在他人已有的想法基础上进行补充与改进。

同时，头脑风暴的流程可能会随具体需求的不同而有所改变，但一次完整的头脑风暴会议流程基本会包含以下 4 步：

第 1 步，确定参与成员，事先明确此次头脑风暴的问题或主题，并强调头脑风暴的基本原则。

第 2 步，从问题或主题出发，成员之间自由讨论，产生大量的创意想法。

第 3 步，成员一起对所有创意进行评估和分类。

第 4 步，选择令人满意的创意或创意组合，并记录此次讨论的收获，以供后续发展。

3. 机会评价与筛选

在拥有大量产品机会以后，团队需要对它们进行评价，并从其中筛选出最有价值的产品机会作为后续设计的基础。有价值的产品机会需要兼顾 4 个方面：创新的想法、满足用户需求、符合市场要求以及切实可行。在进行产品机会评估时，可参考以下 10 个问题：

（1）产品要解决什么问题？（产品价值）

（2）为谁解决这个问题？（目标用户与目标市场）

（3）成功的机会有多大？（市场规模）

（4）怎样判断产品成功与否？（度量指标或收益指标）

（5）有哪些同类产品？（竞争格局）

（6）为什么团队最适合做这个产品？（竞争优势）

（7）时机合适吗？（市场时机）

（8）如何把产品推向市场？（营销组合策略）

（9）成功的必要条件是什么？（解决方案需要满足的条件）

（10）根据以上结论，给出评估结论。（继续深入这个想法，或者放弃）

（二）团队构建

产品团队的能力需要与所开发产品的应用领域、产品机会相匹配。

对于偏软件的产品设计开发团队，一般需要具备需求提炼（如从用户行为和数据凝练出用户真实需求）、产品设计（包括界面设计和交互设计等）、技术实现（系统框架、前端开发实现等）、产品运营这几类能力。因此，一个比较完整的软件产品开发团队一般应包含以下成员：产品经理、交互设计、界面设计、技术开发、产品测试和产品运营人员等。

对于偏硬件的产品开发来说，所需的产品团队除上述人员外，还需要考虑硬件的研发和生产，相关人员包括产品外观造型设计、结构设计、电子设计、固件设计、硬件测试、品控管理等。由于涉及实体产品，团队中还需要相关人员负责产品的仓储、运输以及售后退换等服务。因此，硬件产品团队的成员往往是软件产品团队成员的两倍甚至更多，团队成员之间的协调与配合往往也更复杂。产品团队能力构成如图 1-6 所示。

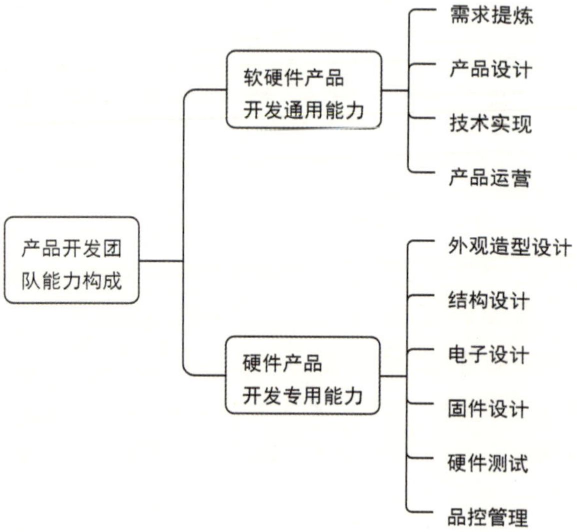

图 1-6　产品开发团队能力构成图

在实际项目开发中，团队能力的选择可以根据实际情况有所取舍，建立符合实际情况与需求的团队。组织团队成员时需要结合产品涉及的领域与需求，招募具有不同能力的成员。同时，团队成员的人数宜少不宜多，优先考虑兼具多项能力的成员。人数较少的团队更具灵活性，团队成员之间的沟通成本也低，每个成员对产品的理解也更加深入详尽，有利于团队成员之间的协作和结果的快速产出，复杂庞大的项目也普遍是由多个小团队合作推进。

二、产品调研与需求定义

在产品调研和需求定义阶段，团队根据前一阶段得出的产品机会，有针对性地进行产品调研，并根据结果对产品需求进行定义。产品调研一般包含用户研究、市场调研和竞品分析三部分。用户研究关注使用产品的人，市场调研关注产品所处的大领域，竞品分析关注其他的同类产品。该过程能够帮助团队明确产品的目标用户，了解市场发展现状及趋势，厘清相关竞品的特征与局限，为后续的产品设计和实现提供依据与灵感。

（一）用户研究

用户能够顺利使用产品完成特定的行为，实现特定目标，产品价值就能得以体现。以用户为中心的思想贯穿整个设计过程，因此用户研究在产品设计与开发中不可或缺。用户研究能够帮助产品团队理解用户，从而设计出更加符合用户需求的产品。

在用户研究中，产品团队可通过不同的方法了解用户特征与需求，并针对性地给出相应的解决措施。

1. 用户需求

在初期产品需求尚未明确阶段，用户研究的主要目的是对用户需求进行探索。用户需求可分为 3 类：

（1）显性需求，即用户能够清晰明确传达的需求，如产品的尺寸、价格的高低等。然而，用户很多时候并不能准确地表达他们的需求。他们对产品的想法、诉求与期待大都来源于已有的解决方案，因此设计团队需要具备从用户的表达中提炼真实需求的能力。

（2）潜在需求，是尚未被大多数用户发现与认可，但又实际存在的需求。这些需求大多未知且无解决方案，如果它们能够被发掘并实现，将显著提高用户满意度。潜在需求也是产品实现创新的重要依据。

（3）隐性需求，指那些无法用语言精确描述的需求，它们通常与用户的情绪、认知有关，如对音乐风格、颜色的喜好。在产品设计中关注隐性需求，更容易引起用户的情感共鸣，使产品更具吸引力。

2. 用户研究方法

用户研究方法可分为定性与定量两大类：

（1）定性研究，可分为两种，一种是在目标用户尚未明确的情况下，定性研究面向的大众人群。其目的是获得用户信息，辅助团队明确目标用户，并获得产品灵感。第二种则是在目标用户已经明确的情况下，通过对少量目标用户进行深入了解，发掘用户行为背后的动机、需求。典型的定性研究方法包括用户访谈、实地调查和焦点小组等。

（2）定量研究，指对一定事物进行测量与分析，来检验关于该事物的假设是否正确或是否有意义的方法。典型的定量研究方法包括问卷调查、A/B 测试和可用性测试等。

在实际应用中，团队通常可以根据项目的进展与需求情况，使用不同类别的方法组合起来进行研究。

定量研究可作为定性研究的验证工具。例如，某儿童教育类产品设计团队通过用户访谈（定性研究），得出儿童用户相较于平板电脑类产品外观，更加偏好毛绒玩具类的产品外观。于是，团队通过 A/B 测试（定量研究），发现具有毛绒玩具产品外观的儿童教育产品销量更高，用户反馈也更好（结果验证）。

定性研究可作为定量研究的归因工具。例如，某公司拥有两款智能语音交互产品，通过对销售额进行分析发现上季度 A 产品销量比 B 产品销量多 30%（定量研究）。公司认为产品外观的原因造成了销量的差异，并决定投入精力改变 B 产品的外观。然而在下一季度，B 产品的销量仍旧明显落后于 A 产品。最终，产品设计团队通过用户访谈（定性研究），发现用户偏爱 A 产品的原因是 A 产品在响应用户时更具拟人性，给用户带来了更自然的交互体验（原因归纳），而两种产品的外观对销量并没有明显的影响。

3. 用户研究步骤

挖掘用户需求可结合用户访谈和观察法两种研究方式进行，具体执行步骤为如下 6 步：

第 1 步，构建团队。用户访谈需要三类人员：沟通人员、拍照人员和记录人员。沟通人员负责与用户进行沟通。拍照人员通过视频、拍照等方式记录调研过程，并观察周围环境与特征。记录人员对访谈过程中的关键信息进行摘录。

第 2 步，确定目标市场与采访（观察）地点，并整理需要采访用户的问题，或观察需要的内容。访谈问题的设计遵循“由易到难、由粗到细、通俗易懂、合理迭代”四个原则。在访谈开始阶段可以设计一些简单的问题，这样可以拉近与用户之间的信任关系，促使访谈顺利进行。访谈问题不宜涉及过多专业词汇，容易使用户沮丧或分心。在访谈过程中，沟通人员可能会获得新的观点或启发，在该情况下需要沟通人员回顾项目研究主题，并根据实际情况对问卷内容做出迭代更新。

第 3 步，正式访谈或观察前，团队事先进行练习，确保正式过程中能够熟练运用各种设备，团队能够顺畅沟通与协作。

第 4 步，确定访谈（观察）人群。根据研究目的的不同，需要关注的目标人群也不同。通常选择 6—8 个目标用户即可获得较为可靠的信息。

第 5 步，正式访谈（观察）阶段。沟通人员首先要向用户说明来意，获取访谈或观察的许可，随后有目的地进行问题询问或行为观察。在此期间，沟通人员需要关注用户的注意力、其间产生的想法与提出的不满。拍照人员和记录人员要尽可能完整地记录整个过程。

第 6 步，访谈结束后的需求分析。团队成员对访谈得到的原始资料进行整理，并将过程中发现的用户需求进行总结归类，特别需要关注用户的隐性需求。然后梳理并总结用户描述背后的潜在需求，并陈述用户需求背后的产品问题。

（二）市场调研

通过市场调研，产品团队能够了解产品相关行业的成熟度、市场发展空间、未来的市场规模、市场发展趋势及其他对行业有影响力的方面，为产品需求的定义提供灵感和依据。

产品调研的方法有很多，以常用的 5W2H 思考方式为例。该方式以五个 W 开头的英语单词（WHY，WHERE，WHAT，WHO，WHEN）和两个 H 开头的英语单词（HOW，HOW MUCH）对思考的内容进行发问。在市场调研中，可以将思考方式详细描述为 7 类问题，并通过各种资料的整合回答这些问题。

1. 为什么（why）：消费者为什么购买或使用当前产品？

2. 在哪里（where）：在什么地方 / 地域购买或使用？

3. 有什么（what）：目前市场中，有哪些相关的产品？

4. 是谁（who）：自己产品的目标用户都有谁？

5. 何时（when）：用户在什么季节 / 时间购买产品？

6. 如何（how）：产品是怎么实现的？产品怎么满足用户的需求？

7. 多少（how much）：购买和使用的数量、价格分别是多少？

（三）竞品分析

在产品的较量中，只有充分了解竞争对手才能让自己的产品做到更好。通过竞品分析，产品团队能够知晓竞争对手做了哪些工作，使用了哪些策略，尚存哪些不足。仔细参考这些信息，更有机会让自己的产品在市场中脱颖而出。竞品分析通常可按照以下步骤进行：

首先，寻找竞争对手。常用的寻找方法有：使用关键词搜索，通过相关领域的媒体报道进行收集，收集同类产品的用户反馈（如各类电商平台的用户评分与评价）。

其次，团队对收集的信息进行整理，建立竞品分析矩阵，将其转化为更加有用的信息。竞品分析矩阵的组织形式各样，随着产品类别与团队关注点的不同而改变。矩阵中常见的信息类别有类别、平台、定价、公司背景、目标用户、市场时间、主要功能、关键用户体验、关键痛点和用户评价等。

最后，通过分析矩阵可以更加直观地分析产品竞争对手的状态，并寻找到自己在市场中的落脚点，从而进行下一步计划。

另外，竞品分析阶段也需要关注各大众筹网站上的各种产品或者概念设计方案，无论其是否众筹成功，都可以从其描述和用户反馈中感受到其他人或市场对于类似设计的反馈。

（四）需求定义

完成产品调研后，团队掌握了详细的行业领域信息、竞品信息以及目标用户的特征与需求。接下来需要将这些信息转化为产品需求，并根据产品需求完成产品规划。

产品需求分析包含三个阶段：需求产生与收集阶段，需求分析与筛选阶段，形成产品需求以及可执行的产品规划阶段。

产品需求可以从用户需求中总结提取，也可能来源于团队内部成员和外部的其他人员。在提出产品需求的过程中，需要兼顾用户诉求、实现成本和实现难度。如果用户需求没有结合这三个方面进行平衡与取舍，则产品的定位与后续实现都可能出现问题。例如，当设计开发一个新的显示屏时，用户提出了“轻薄、护眼、高精度、可折叠”等一系列要求，如果产品团队直接将用户需求作为产品需求，花费极大成本真正实现这样“完美”的产品时，却可能发现用户大概率会因为过于昂贵的价格而放弃所谓“满足用户需求”的产品，转而选择购买那些价格较低、性能尚可的显示器。

在获得大量的产品需求后，团队需要对需求进行分类。需求分类并没有统一的标准，常见的分类方法可以将需求分为功能类、数据类、运营类、体验类和设计类等。在完成需求分类后，对需求进行权重考虑并筛选出最主要的产品需求。

产品需求是对产品关注问题的主观描述，但并不能明确产品该如何设计开发以解决问题。团队需要将产品需求转化为可执行的产品目标，并通过规划产品功能实现产品目标。

以微信这种典型的软件产品为例，如果要实现一个“增进朋友圈中朋友之间的沟通”的产品需求，其产品目标可以被更明确地描述为“增加用户在朋友圈的活跃度”。接下来，设计团队将产品目标与对应的产品功能相结合进行思考。用户在使用朋友圈时与活跃度有关的功能包括朋友圈查看、朋友圈留言、拍照发朋友圈、朋友圈中分享链接等。若要实现上述产品目标，微信团队可以结合用户行为特征，提出产品在上述功能上的改进，或者提出新的功能。

对于硬件产品来说，设计开发中则常使用产品规格来明确产品功能的详细信息。例如，一辆自行车产品的需求是“儿童也能动手 DIY 的自行车”，其产品目标可描述为“自行车构件轻便且易于组装”，对应的规则可以描述为“自行车悬架重量不大于 2kg”“将悬架安装于车架的平均时间少于 75 秒”“自行车所有零部件数量小于 30 个”等。硬件产品规格的整理在设计开发中至少要经历两轮。需求定义之后的产品规格代表团队对产品的期望，这些规格尚无法确定是否能够实现。在确定产品概念和样机原型后，团队将会结合实际情况修订最终产品规格。

三、概念生成与测试评价

产品概念是对产品相关技术、工作机理和产品形式的大致描述，能够简要说明该产品具体是什么，以及如何满足用户需求。产品概念的质量决定了最终产品是否能够达到产品目标，是否能够真正被用户接受。产品概念探索通常会经历概念生成、概念测试和概念评价三个阶段。

（一）概念生成

产品概念的生成过程亦即把粗略的产品构思转化为具体产品概念的过程。概念生成五步法是获得产品概念的一种典型方法。它又可分为厘清问题、外部搜索、内部搜索、系统搜索和概念总结 5 个步骤，如图 1-7 所示。

厘清问题首先要了解问题。设计团队通过之前

图 1-7　概念生成五步法

得到的产品机会、用户需求及产品规格等内容深入理解问题。以智能灯具设计为例，团队在设计之初将产品机会定位为“卧室灯具的智能化设计”，用户需求为“灯具能够根据睡眠情况自动开关”，结合用户需求规定的产品功能包括“灯具需要具备睡眠监测功能，灯具的开关由用户生理信号控制，灯光的波长需要考虑是否影响睡眠”等。

在了解设计问题的基础上，需要把复杂的设计问题拆分成多个关键子问题，该过程被称为问题分解。例如上文的智能灯具设计问题，可以拆分为睡眠监测部分设计、灯具开关设计、灯光设计等一系列关键子问题。常用的问题分解方式包括按照模块功能进行拆分、按照用户使用顺序进行拆分及按照客户不同的需求进行拆分等。

外部搜索是指寻找设计问题已有的解决方案，其本质上是资料收集的过程。通过掌握并灵活使用已有的解决方案，产品团队能够节省时间，从而将主要精力花在尚无有效解决方案的关键问题上。外部搜索通常采用先扩展后集中的收集策略：首先根据需要扩展搜索范围，广泛搜集相关资料，然后对密切相关的领域进行深入搜索。搜集信息的主要来源包括以下几种：领先用户咨询、专家咨询、专利检索、文献检索、相关产品。团队可通过网络、纸质材料、电话访谈、面谈等形式对上述类别材料进行收集。

内部搜索是指利用个人、团队的知识与创造力来提出产品的解决方案。在该阶段，头脑风暴是团队内部常用的方法。在该过程中可以利用一些前人总结的思维技巧来辅助高质量产品概念的生成，包括以下常用技巧：

1. 类比思维。是否有其他产品能够解决相同问题？该问题在自然界或生物界是否有相似解决方式？其他相关领域是否有相同问题及解决形式？问题本身是否比自己考虑的范围更大或者更小？

2. 积极设想。以“我想我们可以……”或“如果……会发生什么”开启讨论，以积极的态度激发团队探索产品新的可能性。

3. 替换想法。对已有方案进行改变，从而产生新的方案。常用的替换方法有：替代、合并、适应、修改、放大和缩小等。

4. 量化目标。在讨论过程中量化任务，例如，每人想出 10 个方案。

系统搜索是指对通过外部搜索和内部搜索得到的大量解决方案进行整合和调整，得到较为合理的产品概念。在该过程中，概念分类树和概念组合表是两种能够高效组织已有方案的工具。

最后，团队回顾前面 4 个阶段获得的概念结果，确定最终产品概念，并对上述过程进行反思和总结。

（二）概念测试

在概念形成后，需要对其进行测试以保证其合理性和可行性。原型测试是一种典型的概念测试方法。原型是指能够部分或者全部反映最终产品特性的产品近似品，它能够直观地展示产品的形态和功能。通过构建原型，设计团队能够以较低的金钱成本和时间成本快速地对概念进行验证，及时发现其中的问题并进行修正。

不同形式的产品原型会略有差异。对于软件类产品来说，其原型构建可以分为草绘（sketch）、线框图（wireframe）、界面原型（mockup）、功能原型（prototype）4 个阶段。

对硬件类产品来说，其原型实现则可以分为草绘（sketch）、草模（sketch model）与实物原型（prototype）3 个阶段。

草绘又可以分成两个阶段。在第一阶段中，团队采用类似头脑风暴的形式，根据产品概念尽可能多地构思产品的基本形态、产品功能实现形式及产品的基础交互方式。草绘无需体现产品概念的具体规格与形态，其内容也不局限于产品本身，也可以是产品的使用场景。在草绘过程结束后，团队针对草绘结果进行讨论，并初步确定产品的形态和功能实现方式。进入草绘第二阶段后，团队工作又分成两类。一部分成员进行外观造型设计，即根据上一阶段草绘结果确定产品的尺寸及具体形态，并通过精细手绘或者 3D 建模展示。另一部分成员探索产品功能的软硬件技术实现，即着手寻找能够实现产品主要功能的技术及所需用到的元器件，并进行功能可行性初步尝试。其中对智能产品的软硬件技术实现思路也是本书后面章节的重点讲述内容。

以一款智能睡眠辅助产品为例。它先通过检测用户睡眠质量和睡眠环境，进而结合用户偏好改善睡眠环境，从而带来优质的睡眠体验。团队通过前期调研与讨论，确定产品具备以下功能：检测用户睡眠状态、检测睡眠环境、从多观感维度调整睡眠环境。

确定产品的功能后，团队中负责产品形态的成员通过草绘与 3D 建模相结合的方式进行产品外观造型的探索。产品形态设计人员通过参考同类产品，提出“模块化”的产品形式，并通过草绘探索产品可能的形态。在对所有草绘内容进行讨论后，绘制更加详细的产品草绘，确定智能睡眠辅助产品的整体形态。

智能睡眠助手的主要功能模块包括检测模块、香薰模块、灯光模块及音箱模块，其产品形态设计必须兼具相应功能。在确定产品形态后，负责产品外观造型设计的成员使用 3D 建模软件进一步确定产品的尺寸和结构外观；负责功能实现的成员使用各种电子元器件，以及各种信息技术，验证各个功能的可行性。在整个过程中，两部分成员必须不断地沟通，确保产品元器件能够合理地放置在产品结构中。

草绘阶段结束后就进入草模阶段。草模是指在短时间内，通过简单的技术和低成本材料，构建一个能够粗略反映产品形态与功能的类似品。团队在此过程中关注产品在真实世界中如何实现，以及发现过程中可能出现的各类问题。草模制作材料需要具备易得、易处理、易改变的特质，常用的材料有塑料泡沫、纸板、KT 板等。草模构建过程中常用的工具按功能可以分为草绘、测量、粘贴、切割及钻孔等类别。如果产品涉及复杂结构，还可借助激光切割、3D 打印等。

产品的实物原型阶段完成度较高，在外观上与实际产品结果非常接近。相较于前两个阶段，实物原型的制作更加耗时，成本也更高。实物原型的制作过程需要仔细考虑多项因素，包括产品各个部位的材质、外观造型、内部结构、交互方式、技术实现和相关元器件布局等。实物原型可能无法实现真实产品的所有功能细节，但是产品的主要功能必须能够展示。

（三）概念评价

概念测试主要关注产品概念在原理上是否可行，概念评价则结合团队综合能力与当前限制对概念是否能够成为最终产品进行综合评估。这里的限制因素包括人力、资源和技术储备等。

RWW（Real-Win-Worth）是一个常用的概念评价模型，该模型主要从是否真实、是否有竞争力和是否值得做三个维度来对产品概念进行评价，具体内容如图 1-8 所示。

四、产品开发与生产制造

在学习阶段，产品设计与实现一般止步于概念产品阶段。在实际情况中，产品还涉及开发、制造、运输和仓储等环节。智能产品包括软件产品和硬件产品两大类。

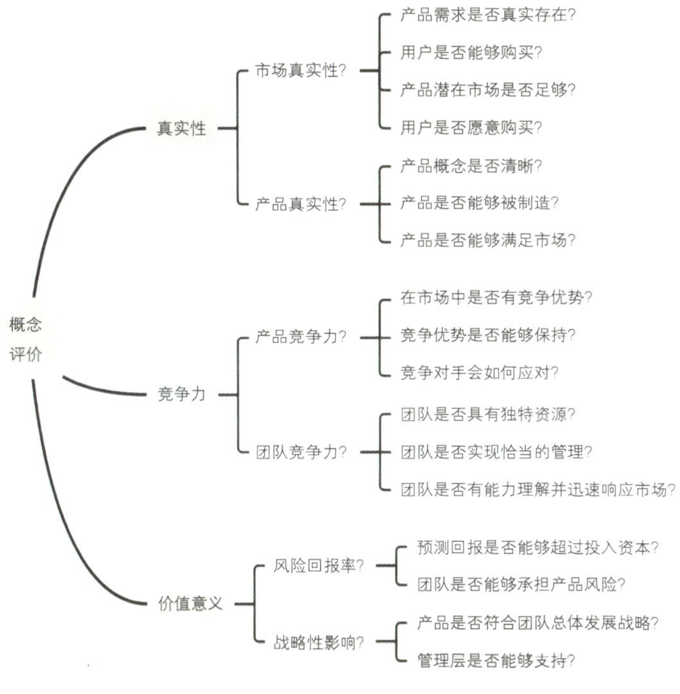

图 1-8 RWW 概念评价模型的三个维度

（一）软件产品开发流程

软件产品的设计开发包括原型设计、界面设计、视觉设计等内容。在设计完成后，由开发人员将设计稿实现为可用产品。

该阶段需要设计师和开发人员保持良好的沟通与协作。一款优秀的产品在产品设计初期就要综合考虑技术与设计，释放出这两种技能的潜力。设计师和开发人员进行协作时，主要遵循以下原则：

1. 组建团队，一起决策。设计师和开发人员从一开始就应该进行团队协作。这个团队最好还能包含客户，定期对产品原型进行评估和反馈。这样团队就不需要花费过多时间去反复确认产品的可行性。

2. 项目组一开始就让开发人员参与进来。在许多公司中，开发人员只有在产品开发阶段才参与到项目中。其实，开发人员能够帮助团队验证设计的技术可行性，从技术角度指出未来可能出现的问题，甚至能够激发设计团队或产品经理产生前所未有的新想法。

3. 建立开放沟通的环境。没有限制的开放式对话有助于团队成员开拓思路，探索新的想法。在早期设计环节，开发人员参与方案的评估；在产品设计的实现阶段，设计人员不断完善设计。在整个过程中需要保证自由宽松的沟通条件，帮助开发人员和设计人员打破沟通壁垒，使得每个人都能表达想法，并得到他人的反馈和思考结果。

4. 养成验证的意识和习惯。一般人认为，产品验证只有在产品真正实现后才进行。在产品设计开发的最初阶段，团队一般会产生多个想法与原型。在原型初期即进行用户验证，团队能够快速确定哪些设计策略是有效的。在设计与开发过程中，时刻保持验证的意识，能够帮助团队更高效地实现预期产品目标，避免后期不必要的工作。

5. 把精力更多放在原型上，而不是演示上。团队协作意味着所有成员对产品的进展有更明确的认识，因此能够减少以互通信息为目标的演示次数，花更多的时间在产品本身的实现与用户测试上，缩短产品的设计开发时间。

（二）硬件产品开发制造流程

硬件产品的设计开发包含产品外观造型设计、电子电路设计、软件设计和内部结构设计、组装测试等几个阶段。

1. 外观造型设计，它对于硬件类产品来说非常重要。优秀的产品外观能够传达产品的风格与定位，也能够为产品带来更多的附加价值。除了美观外，产品外观造型设计还要充分考虑可实现性。例如，在造型设计时考虑元器件的装配空间、环境交互硬件及人机交互硬件的接口预留、产品外观形体是否能满足开模条件等。产品外观造型设计的大概过程为：首先设计师通过软件实现外观建模，并由负责人（产品经理）进行初步评审，初步评审通过后，即可将产品外观造型进行打样，并检查其是否存在问题，在软件中调整优化后再次进行打样与检查，一直重复到确保没有问题后，产品外观造型设计即完成。

2. 电子电路设计，就是对产品功能所需的各种元器件的选择、电路设计、打板验证、优化修改、再次验证直至最终确定的过程。在该过程中，除了需要考虑相关技术问题外，还需考虑相关电子元器件的成本以及后续是否有稳定的货源。

3. 软件设计，是电子元器件构成的硬件系统变得“智能”的一个必需环节。包括了面向底层硬件的驱动程序设计、面向资源调度管理的系统程序设计，以及面向用户的应用程序设计，它配合电子硬件共同实现产品的各种功能。在软件设计过程中，会用到各种信息技术，如物联网、大数据、云计算、人工智能、移动互联网等。

4. 产品内部结构设计，考虑的是产品的“内脏”结构，主要包括静态结构和动态结构两大类。其中静态结构主要解决产品造型各部件的衔接问题、电子元器件在产品内部的布局和固定问题以及交互接口预留问题。动态结构则是在产品有机械位移或运动部件时，需要结合动力驱动、机械传动等跨学科知识，解决内部结构的动力输出问题。

5. 组装测试，在上述问题基本实现后，即可对产品进行整机组装，先将软件设计得到的固件烧写到电子硬件中，再将电子硬件、传动机构和产品造型的外壳进行组装，并验证样机是否能够按照预期正常运行，对其间出现的问题也要进行修复。当样机正常运行后，最好再将产品交给真实用户进行验证，从用户角度测试产品的性能，及时发现产品在交互、使用场景等方面可能存在的问题，供产品进一步地修正。

当上述阶段均完成后，硬件产品即可进入备料、开模阶段，为产品的批量生产做准备。在批量生产阶段，产品同样可能需要进行多次测试与修改。在确保没有任何问题后，硬件产品进入大批量生产阶段。

五、产品发布与运营维护

产品发布也是设计开发的重要环节。完成设计开发的产品，必须根据目标用户和目标市场的特征，以恰当的方式进行宣传和推广，让更多用户意识到产品的价值，吸引目标用户进入消费阶段。同时，设计开发团队也需要通过发布和运营维护以进一步明确产品的定位，优化产品的开发环节，规划下一步发展策略，实现团队价值，推动长期发展。

产品的发布与运维主要包含设计叙事、产品命名、知识产权保护和运营维护等内容。

（一）设计叙事

人类天生喜欢听故事和讲故事，那是分享信息最自然的方式之一。设计叙事，就是通过讲故事的形式让客户了解产品，是一种为用户传达产品真实体验、增进用户对产品理解的方式。

对于设计团队来说，设计叙事主要有以下意义：

1. 通过叙事对产品的设计合理性、用户、市场和使用情景进行检验。

2. 叙事过程中描述用户面临的问题与困境，帮助设计团队建立同理心，始终站在用户角度看待问题。

3. 将设计过程中的抽象数据以易理解、人性化的方式呈现。

4. 解释产品设计开发过程中各环节背后存在的关系。

5. 作为产品发布前的最后一道反思。

6. 为后续产品发布、市场推广确定叙事思路。

同时，一个完整的设计叙事应该包含以下因素：

背景：包括时间、地点等内容。

主题：即用户使用产品要实现的目的。

人物：包含产品使用过程中涉及的所有相关人员，其中最核心的人物是目标用户，其他相关人员包含与产品相关的工作人员等角色。

情节：故事 = 主角 + 困境 + 摆脱困境。故事情节一般可分为开始、中期、结尾三个阶段，故事的冲突与高潮阶段（在设计叙事中即是使用产品摆脱困难）一般在中期或结尾。

风格：根据上述故事内容的不同，故事的视觉风格也可能相应改变。

另外，成功的设计叙事还要做到以下几点：

1. 聆听用户的声音。设计叙事的故事情节不是由设计师编造的，而是基于产品调研过程中收集到的用户实际经历。

2. 保证真实性。设计叙事的目标不是创造"美"的故事，而是反映用户的真实经历与体验。因此，故事可能是虚构的，但叙事过程中也要尽量避免夸大其词、捏造事实等情况发生。

3. 从观看者的角度进行思考，营造同理心。当故事中的角色与观看者有相似之处时，更容易引起观看者的共鸣，从而使其置身于故事当中。

4. 不断优化故事。产品叙事会随着受众群体的变化而不同。因此，在针对不同群体（如投资者、工程师、真实用户等）进行设计叙事时，在产品主要信息不变的情况下，其他信息将按需变化。同时，随着产品的优化和时代的发展，叙事过程中的信息也应进行相应更新。

（二）产品命名

产品名称是用户了解产品的最快方式之一。恰当的产品名称能够反映产品的特征，吸引消费者注意，有利于产品在目标消费者之间的传播。

常见的中文产品命名方法有谐音法、夸张法、特征法。谐音的产品名称在表达产品特征的同时能够为用户营造一种天然的熟悉感，有助于用户记忆，如“闲鱼”“掌生谷粒”等。夸张法是通过夸张修辞手法强化产品特征，吸引用户的眼球，如“尖叫”音频、“能力”机器人等。特征法是指产品名称能够明确体现产品本身的特征，从而降低用户对产品的识别成本，如“美的”电器、“全球通”等。

常见的英文产品命名方法有：易品读的无实意单词（Ebay、Google 等）、有实际含义的单词或词组（Hotmail、Amazon 等）、缩写（KPMG、EXOS 等）、缩略词（ToysRus、FedEx 等）、谐音词（Z8、Samsonite 等）。

一般来说，产品命名可按以下步骤进行：

第 1 步，对产品本身信息、产品定位、产品设计团队理念进行整理。

第 2 步，确定产品名称需要向消费者传达怎样的情绪。

第 3 步，确定产品需要强调的主要属性。

第 4 步，根据产品的定位与市场确定产品名称可能使用的语言及风格。

第 5 步，根据以上四步信息，团队进行头脑风暴获取尽可能多的名称。

第 6 步，按照一定规则对头脑风暴的结果进行排序与分类，并从中选出 3—5 个最佳候选名称。

第 7 步，通过查询确认名称是否被使用。常用的查询平台可以用中国商品信息服务平台，也可以通过百度、谷歌等通用搜索平台或淘宝、京东等电子商务平台进行搜索。

第 8 步，思考产品名称是否有歧义、是否会给用户带来困惑等。比如，名称中是否包含多音字、敏感词义、敏感发音等内容。

第 9 步，结合上述所有信息，最终确定产品名称。

（三）知识产权保护

产品的价值不仅体现在最终的产品结果，还包括产品设计与实现过程中产生的无形价值，包括受法律保护的与产品相关的构想、概念、名称、设计与技术等。知识产权（Intellectual Property，IP）是产品无形价值保护最主要的形式，它也是企业最具价值的资产之一。

产品设计开发过程中涉及以下类别的知识产权：

1. 专利。专利是国家授予申请人在一定时间内禁止他人在未经许可的情况下，以生产经营为目的，实施其专利所涵盖的技术或设计的权利。我国的专利主要包括发明专利、实用新型专利和外观设计专利三种类型。

2. 商标。商标是商品生产者为了与其他商品生产者提供的商品区分开来而使用的区别性标记。在产品设计开发中，商标通常包含产品名称与 Logo。

3. 商业秘密。商业秘密是指不被公众知道，能为权利人带来经济利益，具有实用性，并由权利人采取保密措施的技术信息和经营信息。

4. 版权。版权是指作品在法律上所享有的复制和传播的排他性权利，包括文字、图形、音乐和艺术等形式。

在关注与维护产品设计开发团队自身知识产权的过程中，也需要注意避免侵犯他人的知识产权。

（四）运营维护

在这一阶段，产品真正开始走向用户，产品团队的努力也开始收获回报。为了推动公司团队和产品项目的长期发展，通常还要对产品进行迭代优化和运维跟进，软件类产品和硬件类产品在这方面会有一定区别。

软件产品在发布后，随之而来的是多次产品迭代。迭代是产品不断成长与完善的过程。在用户使用产品的过程中，一些局限和之前未考虑到的问题会逐渐暴露出来；同时，产品也需要随着社会及用户需求的变化而灵活改变。为了促进用户增长，维持用户黏性，软件产品往往会根据用户的行为反馈，结合市场趋势对产品功能进行扩展。此外，诸如游戏、购物等软件平台还会策划并上线各种运营活动。

硬件产品在这一阶段难以进行修改和迭代，产品团队思考的是如何能够销售得更好。因此，该阶段产品相关团队主要进行营销、推广相关工作，以及保障产品质量，保证产品的产量和销量能够实现平衡等。硬件产品的维护主要是售后以及软件系统的定期更新。根据其销量情况，团队还要规划下一代产品或全新产品的设计与开发。

思维拓展：自行查找资料扩展学习“头脑风暴法及应用”

民间有句谚语：“三个臭皮匠，胜过一个诸葛亮。”意思是说，三个才能平庸的人，如果能同心协力集思广益，也能提出比诸葛亮还高明的计策。一千多年以来，诸葛亮作为中国人心目中智慧的象征，怎么会输给三个皮匠呢？这是因为一个人的知识、阅历和视野终究是有限的，其思维也必然存在局限性，在处理不同问题时容易陷入思维死角。这与“三人行，必有我师焉！”“一个篱笆三个桩，一个好汉三个帮！”是同样的道理。一个群体只有团结一心，发挥各自的优势且互相配合才能做好事情。

智能产品的设计和开发过程十分复杂，一款优秀的智能产品背后必然离不开一个勠力同心、群策群力的跨学科专业团队。作为智能产品设计流程中的第一个环节，发现一个好的产品机会是万里长征的开端，也是非常关键的一步，它决定了所有后期工作的价值高度。

为了充分发挥团队各成员的想象力和创造力，在项目初期借助头脑风暴法进行产品功能创新是一种非常不错的选择。头脑风暴法具体的内容请自行查阅学习相关的资料。

第二章　智能产品的硬件基础——嵌入式开发技术

第一节　智能硬件的构成

第二节　嵌入式处理器及常用芯片

第三节　数据传输与常用通信技术

第四节　信息感知与常用传感器

第五节　结果执行与常用执行器

第六节　人机输入及常用输入方式

第七节　人机输出及常用输出方式

第二章　智能产品的硬件基础——嵌入式开发技术

本章概述

本章第一节介绍了智能产品的硬件构成，让学生对智能产品的硬件有个基本印象；第二节到第七节对智能产品的六大功能和对应的六大类常见硬件技术分别作了讲述，它们分别是：嵌入式处理器及常用芯片、数据传输与常用通信技术、信息感知与常用传感器、结果执行与常用执行器、人机输入与常用输入方式和人机输出与常用输出方式。增强学生对智能产品六大功能及相关硬件技术的进一步理解。

学习目标

帮助学生建立对智能产品中相关硬件系统结构的认识，并以此展开对智能产品涉及的常见嵌入式处理器、通信模块、传感器、执行器、输入装置和输出装置的深入学习，明确六大类模块中智能产品设计过程中的功能定位和选用方法、原则，培养学生对智能硬件产品的设计意识。

智能产品越来越多地出现在人们的生活中，比如智能手表、智能水杯、智能门锁、智能音箱和智能汽车等。这些智能硬件产品通过提供不同的功能和服务使人们的生活变得更加便利。智能硬件产品具有一些共同特点，包括具备物理实体、能够从外部环境采集信息或获取用户输入，并对这些信息进行处理，将处理结果反馈给用户或作用于外界环境。智能硬件是物联网、人工智能、云计算和大数据等技术的重要承载者。那么，到底什么样的产品可以称为智能产品？智能产品有哪些特征？智能产品的硬件有哪些类型？应该选用哪些硬件来实现智能产品的相关功能？本章将针对这些问题，对智能硬件产品的几大类硬件进行学习。

第一节　智能硬件的构成

一、智能硬件概述

智能硬件，也称作智能终端设备，通常是指带物理实体的智能产品，它是指与软件相结合的、经过先进的科学技术（包括云计算技术、物联网技术、大数据处理技术、人工智能技术、数据通信技术、传感器技术和自动控制技术等）改造过从而被赋予额外能力的传统产品。被赋予的额外能力包括：感知外界环境（传感器数据采集）、改变外界环境状态（自动控制和执行）、与人类进行互动（计算机交互）、智能连接（数据传输和通信）和智能计算与决策（人工智能）等能力，这些能力在产品中可以表现为自动测量、自动控制、自动调节、智能预警和远程监控等各种不同的功能。

被改造升级的传统产品既可以是电子设备，比如台灯、空调、电视和冰箱等，也可以是非电子设备，比如手表、门锁、水杯和椅子等，如图 2-1 所示。通过产品设计师和工程师的设计和开发，给产品嵌入各种技术进行改造，改造完成后，传统产品就变成了智能产品，它们以新设计、新材料、新工艺硬件为载体，具备了智能感知、网络互连、信息共享、人机交互、新型显示和大数据处理等新一代信息技术的特征。产品设计人员借助智能技术，在传统手表计时功能的基础上加入 SIM 通话、血糖管理、跌倒监测、体温检测、心率检测、血氧饱和度监测等新的功能，在传统台灯的基础上加入灯光亮度和色温调节、亮度色温记忆、番茄作息等功能，并通过集成 Wi-Fi 或蓝牙通信实现智能家居终端控制等功能，就可以得到全新的智能产品。图 2-2 所示为在同类传统产品基础上更新升级的智能手表及智能护眼台灯。

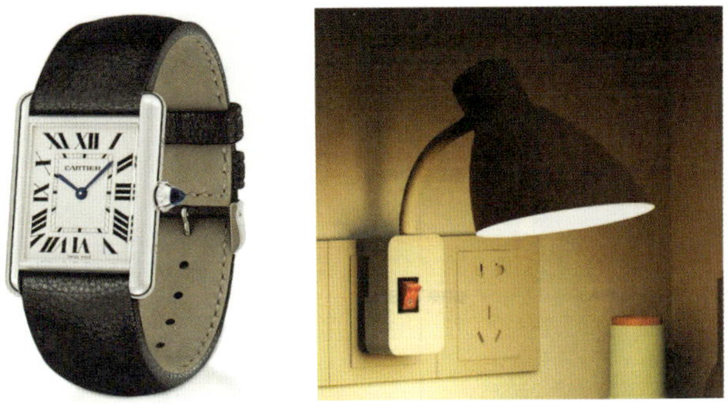

（a）石英机械腕表　　（b）普通台灯

图 2-1　传统产品

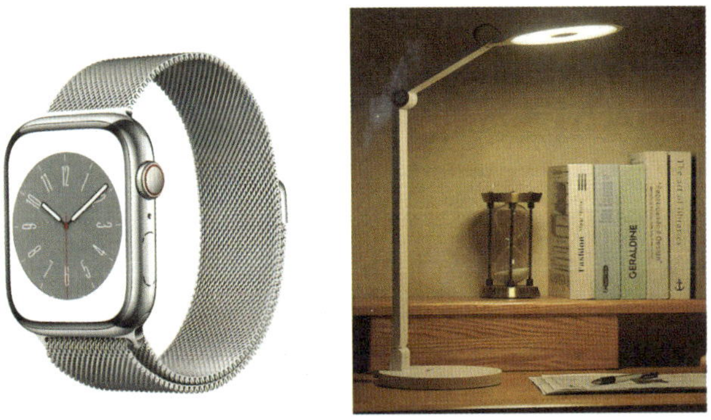

（a）智能手表　　（b）智能护眼台灯

图 2-2　升级改造后的智能产品

二、智能硬件产品的常用硬件

智能硬件的种类多种多样，从能够检测人体健康的可穿戴设备到可以自动驾驶的交通工具，从家家户户可见的智能家居产品，到各大商场、医院、银行都能看到的服务型智能设备或智能机器人。所有这些智能硬件产品基本都具备以下组件：作为智能产品的“大脑”负责逻辑推理、数据计算和智能决策的微控制器，用于检测产品及其周边环境的传感器，用于输出信息并改变周边环境的执行器，用于进行人机交互的输入设备和输出设备，以及用于进行数据通信与网络连接的通信接口等六大类硬件。

（一）微控制器

微控制器（Micro Controller Unit，MCU）也可称为单片机，是把计算机的中央处理器（CPU）上的频率和规格作适当缩减，并将存储器、定时 / 计数器、各种输入 / 输出接口等集成在一块集成电路芯片上所形成的芯片级微型计算机，用于协调和指挥设备工作。简单来说，微控制器就是将一个计算机系统集成到了一块芯片上，这块芯片就相当于一台计算机。它的体积小、质量轻、价格便宜、输入 / 输出接口简单。微控制器能接收外界传递给它的各种数据和信息，并对这些数据进行逻辑推理和分析决策，然后将决策结果进行输出或改变外界环境状态。例如，空调之所以能使室温达到某个指定的温度，是因为微控制器中有一段程序，这段程序代码能够通过温度传感器获取到室内当前的温度状态，并将检测到的室温跟设定温度进行分析比较，当室温高于设定温度时，微控制器就可以控制空调中的温度控制部件（蒸发器、压缩机、冷凝器等）来进行制冷，以便室温达到目标温度。

（二）传感器

对于智能硬件产品来说，传感器是系统获取外部信息非常重要的一个渠道。通过写入合适的程序代码后，微控制器能通过传感器随时随地获取智能产品自身及周边环境的信息，并针对获取的环境信息进行推理、计算和分析，当这些环境信息发生改变时做出正确的应对。例如，有些智能音响搭载了摄像头和麦克风传感器装置等，这些传感器能够帮助智能音响更全面地感知和掌控周边环境信息，如摄像头能够获取周边环境的图像信息，麦克风阵列能够获取到周边环境的声音信息，并对获取到的图像信息和声音信息进行分析处理，如果这些信息跟智能音响有关则会做出正确的响应。值得注意的是，传感器的类型和精度在一定程度上决定了智能硬件的性能，因此在智能硬件产品的技术研发过程中，选择合适的传感器非常重要。

（三）执行器

执行器是控制类智能产品中必不可少的一个组成部分。它的作用是接收来自微控制器的控制信号，通过改变被控对象的角度、开度、速度、位置和状态等，从而使被控变量维持在所需的状态或设定的范围内。例如，在部分高配汽车上有一个能解放司机右脚的功能叫“定速巡航”，该功能主要是通过改变汽车节气门的开度来调节喷油量从而控制车速的。具体实现思路为：巡航控制器首先通过转速传感器读取当前车速的脉冲信号，并将当前车速与设定车速进行比较，如果当前速度小于设定车速，则加大节气门开度提升喷油量以增加车速，反之，若当前车速大于设定车速，则减小节气门开度降低喷油量以降低车速，再结合比例—积分—微分控制（PID）算法来稳定车速。

在控制领域使用的执行器有很多，但大多用于工业控制领域，在民用智能产品领域常见的执行器包括水、电控制执行器和用于控制行程、角度的各种电机等。

（四）输入设备

输入设备是指用户向控制系统输入信息和数据的部件，是系统与用户之间的信息桥梁。对于智能硬件产品而言，系统中的信息包括逻辑数据、数字数据、文字数据、声音数据、图像数据等多种形式，每种形式的信息都有对应的输入设备，如用于输入逻辑信号的开关和按钮，用于输入数字、文字信号的键盘，用于输入声音信号的麦克风，用于输入图形图像信号的摄像头和扫描仪等。

（五）输出设备

输出设备是指将计算机系统中的信息传递给用户的设备。在智能产品中，这类设备能够将智能产品推理决策的结果以图像、声音及行为等方式传递给用户。视觉类输出设备和听觉类输出设备是最常用的两类输出设备，如图 2-3 所示。例如，智能报警器可以通过声光报警的方式提醒用户；智能机器人不但可以通过显示屏显示其工作状态给用户，也可以通过语音来提醒用户，还可以做出特定动作来服务用户。由于智能硬件产品能够通过多种不同的输出设备传递信息给用户，因此在智能硬件产品的设计过程中，要充分考虑如何搭配不同的输出设备使智能产品更高效、更舒适地向用户传递信息。

（六）通信接口

通信接口是指计算机与网络进行连接的接口。当前的主流智能产品往往都需要以某种方式跟以互

（a）听觉类输出装置

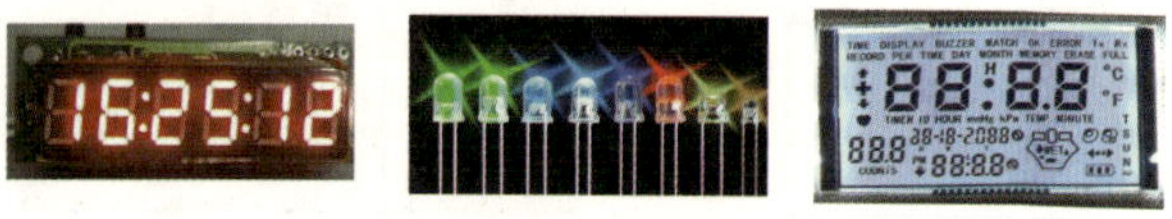

（b）视觉类输出装置

图 2-3　常见的听觉和视觉类输出装置

联网为代表的网络进行连接，从而与网络中的服务器、用户端软件或网络中的其他智能设备进行通信，以便积累、分析和综合利用产品检测到的数据，以及通过用户端软件对智能产品进行远程监视和控制。智能产品可以通过有线和无线两种方式与网络进行连接。对于摆放在室内固定位置的大型智能产品，如智能打印机、银行智能服务机、智能贩卖机以及用于监控特定位置的安防设备等，通常会采用有线连接方式，虽然有线连接方式需要考虑线路排布问题，但网络通信更加稳定可靠。对于放置在室内的小型可移动智能产品，可以采用 Wi-Fi 等无线方式进行连接，而对于可移动的室外型智能产品，比如智能穿戴产品，则可以使用蜂窝网络等无线方式进行连接。在复杂的智能硬件系统中，可能会有多种不同的网络接口，各种不同的网络接口跟不同的设备进行连接，实现不同的网络功能，如图 2-4 所示。

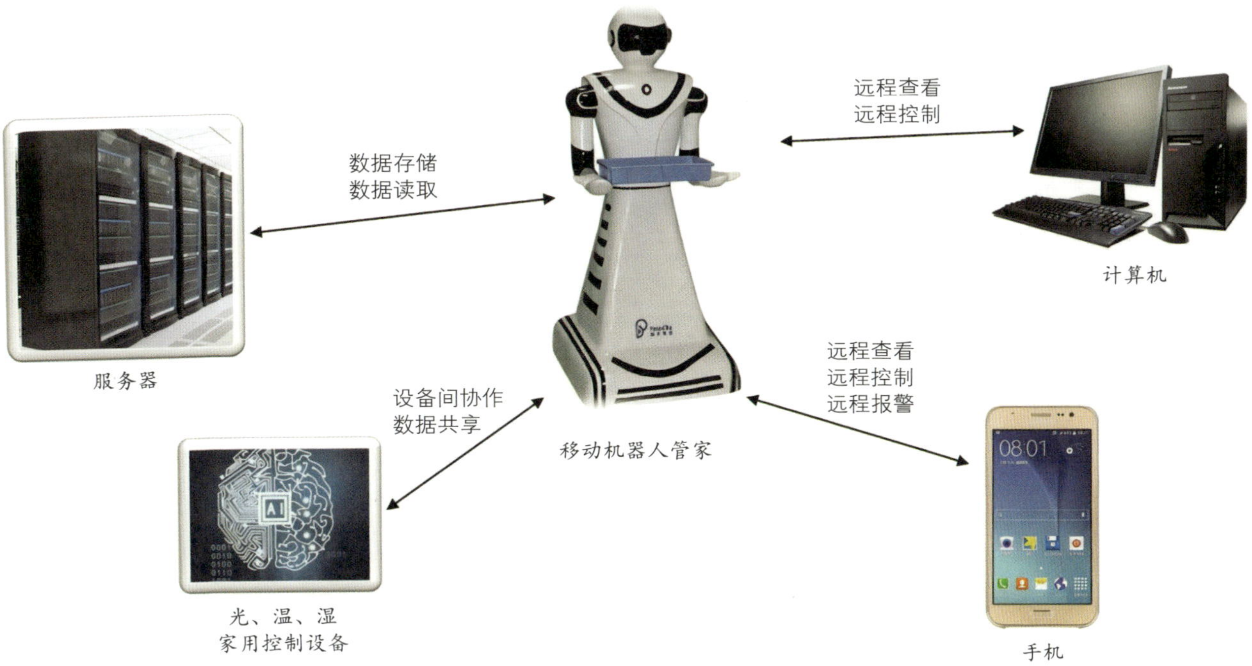

图 2-4　家居服务机器人系统中的通信网络及作用

第二节　嵌入式处理器及常用芯片

一、嵌入式处理器的概念和作用

智能产品相较于传统产品最大的区别在于其智能性，智能指的是能够模仿人类、代替人类进行逻辑思维和推理决策的一种能力，实现这种能力最重要的硬件就是系统内部的“大脑”——嵌入式处理器。

自第一台通用计算机 ENIAC 诞生以后，科学家们很快发现了它潜在的巨大价值，接下来几十年里，在欧美国家众多资本的推动下，一批又一批的技术人员投入对 ENIAC 这个史上最强大脑的拓展应用研究中：把 ENIAC 系统与工业控制相结合诞生了可编程逻辑控制器（Programmable Logical Controller, PLC），彻底取代了传统的继电器接触器系统，极大程度地推动了世界工业历史的发展进程；把 ENIAC 的功能和性能直接延伸，诞生了后来的计算机（包括个人计算机、商用计算机和服务器等），全球进入计算机和互联网时代；将 ENIAC 系统放到普通产品中，让普通产品具有能感知、会思考、可执行的能力，就诞生了嵌入式处理器，也就是颠覆传统产品认识的核心硬件。

嵌入式处理器是由通用计算机中的 CPU 演变而来的专门用于嵌入式系统中进行推理运算和决策控制的硬件，嵌入式处理器与普通计算机处理器在设计和原理上相似，但嵌入式处理器相对于普通处理器具有更高的工作稳定性、更低的功耗、更强的环境适应能力、更小的体积及更多的集成功能。嵌入式处理器广泛应用于家居生活、工业、农业和航空航天等领域，并衍生出各种智能硬件产品。

作为智能产品的“大脑”，嵌入式处理器主要有控制时间、处理指令、处理数据和执行操作等功能。通俗地说，嵌入式处理器的主要作用就是通过执行事先编写好的程序代码，完成智能产品的相关功能：首先感知外部环境信息和获取用户的输入信息，对获取的信息进行逻辑推理、计算分析和决策判断等处理，再将处理的结果输出给用户或者通过执行器作用到指定对象。

二、常见的嵌入式处理器

在整个智能硬件产品的应用领域中，各种嵌入式处理器的应用比通用处理器更加广泛。嵌入式系统具有应用针对性强的特点，不同的产品、不同的功能及不同的应用场景下对处理器的要求千差万别，所以嵌入式处理器种类繁多。据不完全统计，全世界嵌入式处理器的种类已经超过 1000 种，流行的体系结构有 30 多个，但主流的嵌入式处理器主要分为四大类。

（一）嵌入式微处理器

嵌入式处理器的字长一般为 16 位或 32 位，英特尔（Intel）、美国超威半导体公司（AMD）、摩托罗拉（Motorola）、安谋（ARM）等公司提供很多这样的处理器产品。嵌入式微处理器通用性比较好、处理能力较强、可扩展性好、寻址范围大、支持各种灵活的设计，且不限于某个具体的应用领域。

在实践应用中，嵌入式微处理器需要在芯片外配置随机存取存储器（RAM）和只读存储器（ROM），根据应用要求往往要扩展一些外部接口设备，如网络接口、全球定位系统（GPS）、模拟信号转换数字信号（A/D）接口等。嵌入式微处理器和存储器、总线、外设等安装在一块电路板上，称为单板计算机。

嵌入式微处理器在通用性上有点类似通用处

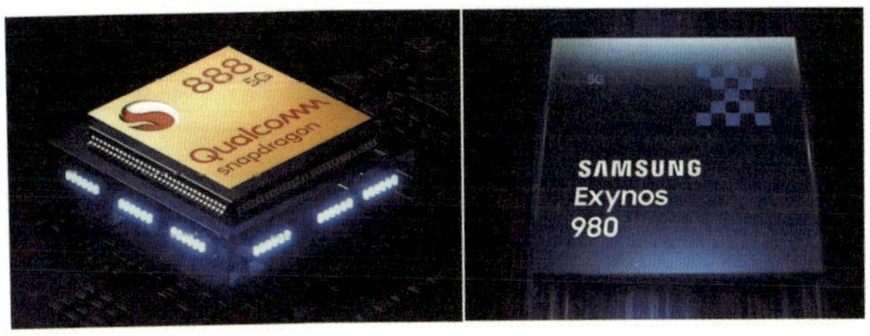

图 2-5　基于 5G 通信技术的高通骁龙 888 和三星 Exynos 980

理器，但前者在功能、价格、功耗、芯片封装、温度适应性和电磁兼容方面更符合嵌入式系统应用要求。嵌入式处理器有很多种类型，比较出名的嵌入式处理器类型有 Am186/88、386EX、SC-400、Power PC、ARM 系列、MIPS 等，其中 ARM 公司的 Cortex-A 系列 /StrongArm 系列是目前手机和掌上电脑等移动通信设备开发的高性能微处理器的主流选择。基于 5G 通信的手机专用高性能处理器高通骁龙 888 微处理器和三星 Exynos 980 微处理器如图 2-5 所示。

（二）嵌入式微控制器

尽管嵌入式微控制器已经经历了几十年的发展历史，但它依然是最常用的嵌入式处理器，占据了嵌入式领域 70% 以上的市场份额。从功能来看，可以把嵌入式微控制器理解为一种集成有外设的微处理器芯片。除了处理器内核外，嵌入式微控制器还在芯片内部集成了各种外设和功能模块，如 RAM、各种非易失性存储器、总线控制器、定时 / 计数器、看门狗、输入 / 输出（I/O）口、串行（USART）口、脉宽调制输出（PWM）、模数 / 数模转换器（ADC/DAC）等。这些内置的外设和功能非常适用于控制领域，所以它也被称为微控制器。

从结构上来看，微控制器的最大特点就是将计算机所需的各个部件及一些应用所需的控制器和外部设备集成在一个单独的芯片上，实现了功能的单片化。这种单片化设计使得微控制器的尺寸大大减小，从而降低了系统的总功耗和成本，并提高了可靠性。因此微控制器也被称为单片机。

典型的嵌入式微控制器包括 MCS-51 系列、ARM 的经典系列、Cortex-M 通用系列和 Cortex-R 实时控制系列处理器等。

（三）数字信号处理器

在数字化时代，数字信号处理是 门应用广泛的技术，如数字滤波、快速傅里叶变换（FFT）、频谱分析、语音编码、视频编码、数据编码和雷达目标提取等。这些芯片经过特殊设计，其系统结构和指令系统针对数字信号处理的特点进行了优化设计，在其内部集成了乘法累加器单元，算术运算直接在硬件中进行，不需要像微处理器那样借助软件算法实现，因此其信号处理速度是微处理器的 2 到 3 倍，具有很高的处理效率。较常见的 DSP 芯片有美国德州仪器公司（Texas Instruments，TI）的 TMS320C2000/C5000 系列、亚德诺半导体技术有限公司（ADI）的 ADI DSP 系列、Motorola 公司的 DSP56xx 系列和 DSP96xx 系列、美国电话电报公司（AT&T） 的 DSP16/16A 和 DSP32/32C 等。TI 公司面向低功耗、手持设备和无线终端应用推出的 TMS320C5000 系列产品如图 2-6 所示。

（四）片上系统

由于某一类特定的应用对嵌入式系统的性能、功能、接口有相似的要求，针对这个特点，利用大

图 2-6　基于 TMS320C55xDSP 内核的数字信号处理器

规模集成电路技术将该类应用所需的大多数模块集成在同一块芯片中，从而在芯片上实现一个嵌入式系统大部分核心功能，这种芯片就是片上系统（System on Chip，SoC），也叫芯片级系统。

片上系统把微处理器和特定应用中常用的模块集成在一个芯片内，在应用开发时只需要在 SoC 外部扩充内存、接口驱动、一些分立元件及供电电路就可以构成一套实用的系统，能大幅降低系统设计的难度，同时还有利于减小电路板面积、减少系统开发成本，在必要时，还能在不同的系统单元间实现更快更安全的数据传输，具有更快的整体系统速度、更低的功耗、更小的物理尺寸和更高的可靠性等优势。SoC 是嵌入式处理器的一个重要发展趋势。

SoC 按用途可以分成两类：一种是通用 SoC 芯片，它将嵌入式系统所需要的绝大部分部件，如 CPU、DSP、RAM、I/O 等硬件资源集成在同一块芯片内，同时提供用户设计所需要的各种逻辑资源和软件编程所需的软件资源，用户通过它可以快速完成特定领域的项目开发。另一种是专用 SoC 芯片，是专用集成电路（ASIC）向系统级集成的自然发展，如飞利浦（Philips）的 Smart XA 芯片，它支持超过 2048 位复杂 RSA 加密算法，是一块可以加载 JAVA 或 C 语言的专用 SoC，在互联网安全方面有广泛应用。此外，英飞凌公司 AURIX™ 系列的 32 位 TriCore 微控制器也是一款具有代表性的汽车电子行业专用 SoC，如图 2-7 所示，该芯片在汽车中的应用非常广泛，包括内燃机控制、纯电动和混合动力汽车、变速器控制单元、底盘域控制、制动控制系统、电动转向系统、安全气囊和高级驾驶辅助系统等，并推动汽车行业往自动化、智能化以及网联化的方向发展。

三、热门处理器

智能硬件的分布领域非常广，所使用的各种嵌入式处理器也非常多，但对于生活中常见的各种中小型智能产品而言，使用最多的还是嵌入式微控制器。根据 2021 年微控制器在产品应用中出现的频率和其技术社区的规模，筛选出以下几款较受欢迎的微控制器。

Top1：STM32F103C8T6

STM32F103C8T6 是基于 ARM 的 STM32F103x 系列微控制器的一个流行型号，它采用高性能 ARMCortex-M3 32 位 RISC 内核，工作频率为 72 MHz，拥有 37 个增强型 I/O 及连接到两条 APB 总线的外围设备，该控制器能提供两个 12 位 ADC、三个通用 16 位定时器和一个 PWM 定时器，以及标准和高级通信接口：两个 I2C 口和 SPI 口、三个 USART 口、一个 USB 口和一个 CAN 口，其芯片实物如图 2-8 所示。该芯片广泛应用于消费类电子、医疗设备、通信设备和汽车电子等领域，例如用于智能家居、智能穿戴设备和智能移动设备等产品的控制和数据通信，用于计步器、血压计和血糖仪等设备的控制和数据处理。

Top2：ATmega328

ATmega328 一直是许多设计人员的首选，可

图 2-7　英飞凌公司 AURIX™ 系列的 32 位 TriCore 微控制器

图 2-8　STM32F103C8T6 微控制器

图 2-9　基于 ATmega328 的 Arduino 开发板

以说是世界上最受欢迎的微控制器之一。其实物如图 2-9 所示，它是一款基于先进 RISC 架构的 8 位 AVR 微控制器，结合 32KB ISP 闪存和边读边写功能，具有高性能、低功耗的特点。Arduino UNO 就是一款以 ATmega328 为核心的开发板，随着近些年 Arduino 的火爆，ATmega328 也就顺理成章地成为当前最流行的微控制器。Arduino 硬件开发平台容易上手、功能强大且使用灵活，配有专用的编程开发软件，省略了很多烦琐的底层开发，无需把大量精力耗费在功能实现上就能快速开发出智能硬件的原型，而且价格便宜。这些特点对没有技术开发基础的人极其友好，可以说，Arduino 是一款适用于每个人的硬件开发平台。

Top3：ATtiny85

ATtiny 系列微控制器因其体积小、功耗低且价格便宜而广受欢迎，被认为是有体积限制的小微型智能产品项目的首选微控制器。在这个系列的所有微控制器中，ATtiny85 被认为是最受欢迎的，虽然 Microchip 公司推出了一系列新的 ATtiny 芯片，并对其进行了显著的性能升级，但 ATtiny85 仍然备受推崇，这主要是因为大多数设计者随着时间的推移对它已经非常熟悉。ATtiny85 是市面上最小巧的微控制器之一，其尺寸仅仅只有 5.5mm × 7.2mm × 2.9mm，可广泛应用于各种小微型智能产品，如激光笔、智能笔和超声波游标尺等产品中。其对应的实物图和引脚功能框图如图 2-10 所示。

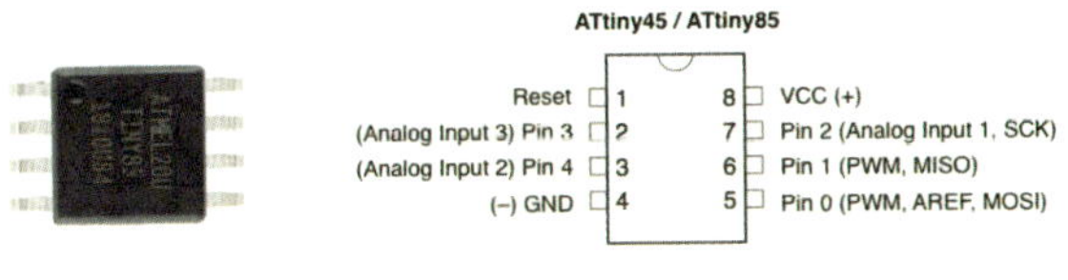

图 2-10　最小巧的微控制器 ATtiny85 及其引脚图

Top4-5：ESP8266和ESP32

物联网技术是当前智能产品的核心技术之一，ESP8266 作为一款融合了 Wi-Fi 功能的国产物联网芯片，具有非常突出的优点：第一，价格便宜，售价在 5 元左右；第二，通信质量高，普通 Wi-Fi 的传输距离多在 100 米左右，而据德国相关机构测试结果显示，ESP8266 可以在空旷区 300 米范围内保持可靠连接，超过 400 米后信号才会丢失；第三，开发使用门槛低，ESP8266 的开发环境有很多，除了官方自己的开发环境外，还有其方案商安可信出品的集成开发环境 ESP8266 IDE2.0；此外 Arduino IDE 也支持 ESP8266，使其程序开发门槛大幅降低。因此，ESP8266 非常适合物联网 (IoT) 产品和家庭自动化领域的项目开发。在过去十年，ESP8266 已成为最具影响力的微控制器之一，也是当前具有融合通信能力的微控制器趋势的标杆之一。

ESP32 是乐鑫推出的一款高集成度、低功耗的 Wi-Fi 和蓝牙双模芯片。它是 ESP8266 的升级版本，在功能和性能上都有显著提升。相较于 ESP8266 的功耗，ESP32 的工作电流为 5μA（微安），远低于 ESP8266 的 20μA；同时，ESP32 还具备更高的时钟频率，其性能为 ESP8266 的 2—3 倍；ESP32 的 GPIO（通用输入 / 输出口）引脚更多，可以满足更多的接口需要；另外，ESP32 内部同时集成的 Wi-Fi 和蓝牙双模可以满足产品的联网需求，在物联网智能产品领域有非常广泛的应用。

四、嵌入式处理器的选用原则

对智能产品的硬件系统设计来说，评估和选择一款合适的嵌入式处理器至关重要。在选择嵌入式处理器时需要考虑的问题包括以下几点：

1. 产品对处理速度的要求和内存大小？

2. 项目是否需要硬件外围设备，这些设备需要哪些特定的通信接口？

3. 是否需要直接内存访问（DMA）等高级功能？

4. 产品的物理尺寸、功耗和成本有什么限制？

5. 有哪些开发工具和软件库可用？

6. 参与开发的开发人员是否有使用开发工具的经验？如果没有，他们将面临什么样的学习曲线？

7. 有没有第三方文档或在线社区之类的外部资源可用？

知识拓展：中国芯片行业的发展状况

芯片是半导体元件的统称，是集成电路（IC，integrated circuit）的载体，它是一个把实现特定功能所需的集成电路封装在一块半导体衬底或绝缘基片上形成的矩形物理实体。半导体材料是芯片的基础，集成电路芯片的核心。我们最终看到的芯片是一块封装后的正方形或长方形模块。在信息技术时代，芯片被广泛应用在军事、航天、工业、通信、智慧交通和消费电子等许多领域。甚至可以说，几乎所有用电的东西，其内部都或多或少会用到芯片。每天接触的手机、计算机和各种家用电器，还有路上的汽车、天上的飞机、太空的工作站，一旦缺失芯片都将马上陷入瘫痪，芯片的重要性可见一斑。

由于国际上芯片产业供给体系非常成熟，一直以来中国芯片主要依赖进口，因而中国的集成电路产业起步较晚，但从2018年4月以来，中兴、华为等一大批中国龙头企业受“实体清单”影响，被限制“不得以任何形式购买美国芯片和相关软件”，芯片技术成为中国稳健发展的“卡脖子”技术。为推动国产芯片行业的发展，2020年国家“十四五”规划提出了国产芯片自给率要在2025年达到70%的目标，并制定了诸如重点研发计划、创新投资、企业资助等各种政策引导、促进国产芯片的发展。同时，科创板也为芯片企业融资提供了新的渠道。

虽然目前中国芯片产业整体上还处于落后状态，但这几年国产芯片企业在面对强大国际竞争对手的压力下，一步步突破技术短板，一点点拓展市场份额，并取得了可喜的成绩。根据国际商业策略公司统计的数据显示，2022年中国大陆的芯片自给率已达到为25.61%，中国芯片行业已经实现了从0到1的跃变，在困境中有了不错的开局。

尽管中国芯片产业目前还面临各种挑战和竞争，但随着国内帮扶政策的一步步落实，以及高端技术人才的引进培养，还有中国这个全球最大的芯片消费市场加持，中国芯片产业发展前景依然十分乐观。相信在不久的将来，中国芯片产业将实现更大、更多的突破，为中国的科技进步和经济发展做出更加重要的贡献。

第三节　数据传输与常用通信技术

一、数据传输的概念和作用

对绝大多数智能产品而言，远程监控、后台服务器管理和多终端互动都是常见的功能，而这些功能必须依赖数据传输技术实现。数据传输是信息技术中的一个重要技术领域，在整个信息系统中处于非常重要的地位，相当于人体的神经给身体的各个部分传输信号。数据传输是指按照特定规则和协议，通过一条或多条数据链路将信息从数据源传送到目标终端的过程，其实质为点与点之间的信息传输和数据交换，目的是实现可靠、高效的信息交流和共享。一个合适的数据传输方式可以大大提高数据传输的实时性和可靠性，如何高效、准确、实时地传输数字信息是所有包含网络功能的智能产品必须要面对的问题。

要在数据源和数据终端之间进行信息传输，就必须在它们之间建立传输信道，根据传输信道不同的物理形式，可以把数据通信分为有线通信与无线通信两类方式。以移动机器人管家控制系统解决方案（见图 2-11）为例，为了实现智能机器人对家中的各区域的灯光照明控制、空气温湿度控制、安防设备控制、影音娱乐控制和其他家具家电的控制，以及实现用户远程视频操控和远程手机、电脑互动等功能，都需要给机器人集成大量的网络接口：一方面，机器人通过 Wi-Fi 与路由器连接，进而通过路由器与服务器、手机、电脑、摄像头等设备进行连接；另一方面，机器人还可以通过蓝牙、红外射频（RF）等方式对空调和电视等家居设备进行直接操控；机器人还可以通过全球移动通信系统（GSM）直接向用户手机进行连接实现互发信息和打电话的功能。总之，为了使整个系统能够互联互通，必须使任意两个设备之间至少存在一个以上的数据传输信道进行连接，从而使不同地点的不同数据终端之间实现软硬件和信息资源的控制和共享。

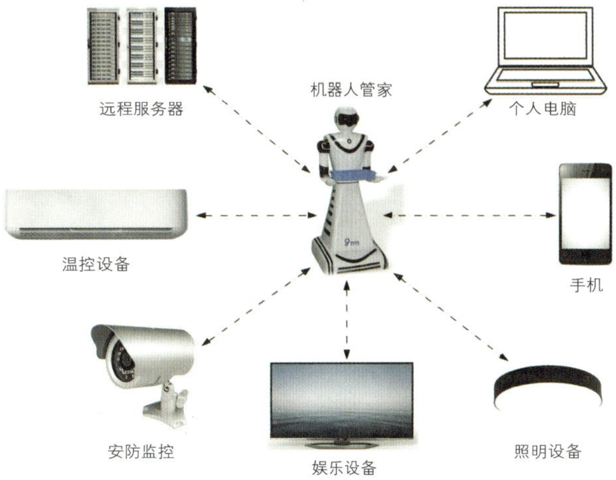

图 2-11　智能家居控制系统解决方案

二、常用的通信技术

数据通信的方式有很多，智能产品开发中常用的通信方式分为有线网络通信和无线网络通信两大类，其中无线网络通信又可以分为短距离无线通信技术和远距离无线通信技术。

（一）有线网络通信

有线网络通信是指利用网线或者同轴电缆（光纤）及相应网络设备，将两台以上的计算机系统相互连接，并进行数据传输的一种通信技术。在组建有线网络时，必须用到以太网电缆线、路由器和 RJ45 标准化网络接口等附件，如图 2-12 所示。这种网络的选用有如下几个要点：

优点：数据传输稳定、距离远、可靠性强，互联网是它最强大的后台。

缺点：要布线布网，对移动产品来说有太多

图 2-12　有线网络搭建中常见的路由器、RJ45 接头和网线

限制。

适用场合：固定于室内的大型智能设备，如打印机、各种自助终端机等。

用法：通过网线把路由器和各种终端设备进行连接，如图 2-13 所示。

（二）短距离无线网络通信

短距离无线通信技术主要用于满足产品在几百米范围内的无线数据传输要求，常见的短距离无线通信技术有如下几种：

1. Wi-Fi

这是一种本地无线局域网网络技术，通过有线网络外接一个无线路由器，就可以把有线信号转换成 Wi-Fi 信号。通过它可以使许多智能设备连接到因特网，其传输速率很高，第 7 代 Wi-Fi 标准下最高传输速率可达 30Gbps，通信距离可达数百米，但功耗较大，常用于方便架构路由节点的室内应用场景。

2. 低功耗蓝牙

低功耗蓝牙（BLE）是一种短距离无线通信

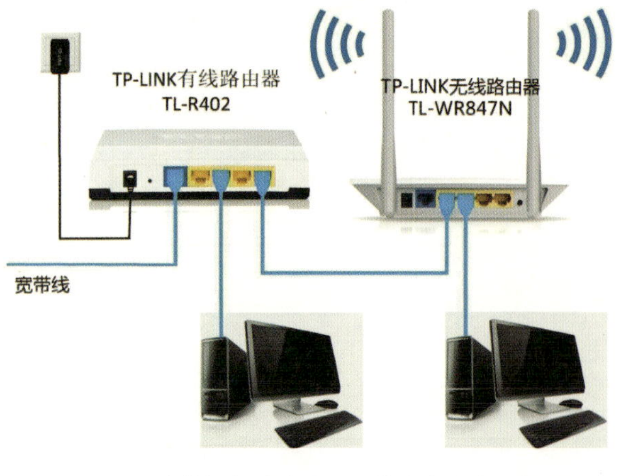

图 2-13　计算机与路由器之间的有线连接示意图

技术，用于在设备之间进行短距离低功耗数据传输，传输距离从几米到几百米，数据传输速率可达 1Mbps。与传统蓝牙技术相比，低功耗蓝牙技术具有更高的数据传输速率和更低的功耗。

3. 紫蜂技术

紫蜂技术（ZigBee）是一种短距离、低功耗的无线通信技术，使用该技术的设备节点能耗特别低，对应的自组网无需人工干预，成本低廉，复杂度低且网络容量大，广泛应用于低数据量、低成本、低功耗和高可靠性的应用场景。

4. 超宽带技术

超宽带技术（UWB）是一种无载波通信技术，利用纳秒至亚纳秒级的非正弦波窄脉冲来传输数据。它具有抗干扰性能强、传输速率高和能耗小等多个优点，能够在大约 10 米的范围内实现数百 Mbps 至数 Gbps 的数据传输速率，主要应用于室内通信、高速无线局域网、家庭网络、无绳电话、安全检测、位置测定和雷达等领域。

5. 近场通信技术

近场通信技术（NFC）是一种短距高频的无线电技术，工作频率在 13.56MHz，传输距离一般在 20cm 内。NFC 的传输速度主要有三种：106Kb/s、212Kb/s 和 424Kb/s，主要通过卡、读卡器及点对点这三种业务模式来实现数据读取与交换。NFC 在功能上与蓝牙技术类似，但传输速率和传输距离上不如蓝牙技术，同时功耗和成本也相对较低。此外，NFC 具有良好的保密性，这些优点使它成为移动支付和消费类电子产品的首选方案。

6. 红外通信技术

红外通信技术（IrDA）是一种无线通信技术，它无需使用实体连线，具有简单易用和实现成本较低的特点，广泛用于小型移动设备之间进行短距离和少量数据的传输通信。家用电器设备的控制应用中，典型应用包括电视机、空调等各种家居电器的远程控制。当然，由于红外线的直射特性，红外通信技术不适用于障碍物较多的应用环境。

7. 无线射频识别技术

无线射频识别技术（RFID）是自动识别技术的一种，通过无线射频方式进行非接触双向数据通信，利用无线射频方式对记录媒体（电子标签或射频卡）进行读写，从而达到识别目标和数据交换的目的，其被认为是21世纪最具发展潜力的信息技术之一。它是一种简单的无线系统，只有应答器和阅读器两个基本器件，在具体应用中整个系统通常由一个阅读器和很多应答器组成，常用于需要控制、检测和跟踪物体的领域。在RFID中，通常使用标签作为应答器，每个标签具有唯一的电子编码，贴附在物体表面用于标识目标对象。阅读器则是用作读取或写入标签信息的设备，它的形式主要有手持式或固定式两大类。

在智能产品开发选择短距离无线通信方式时，可根据产品的数据传输速率、传输距离和硬件成本等方面的需求进行选择，短距离无线通信技术参数的对比如表2-1所示。

表2-1　短距离无线通信技术的对比

通信技术	最大传输速率	传输距离	硬件成本
Wi-Fi	可超过30Gbps	可达300m	中等
BLE	1Mbps	可达250m	中等
ZigBee	250Kbps	可达100m	低
UWB	可达Gbps级别	10m左右	很高
NFC	848Kbps	20cm内	低
IrDA	16Mbps	10m左右	低
RFID	10Mbps	12m内	低

（三）远距离无线通信

当近距离无线通信技术无法满足产品的传输距离需求时，就可以使用远距离无线通信技术进行网络连接。远距离无线传输技术的典型应用包括远程抄表功能、室外无人机、智慧交通、智慧城市、智慧农业和物流跟踪等各大领域。常见的远距离无线通信方式有以下几种：

1. 远距离无线电技术

远距离无线电技术（LoRa）是先科电子（semtech）公司创建的低功耗局域网无线标准，相较于其他无线传输方式，LoRa技术可以在相同功耗条件下实现更远的传输距离，或者在同等传输距离下大幅降低功耗。例如，在同等功耗下比传统无线射频通信方式的传输距离大3—5倍，实现了低功耗和远距离的统一。功耗低、成本低，特别适用于对本地低功耗无线局域网进行大范围环境数据采集。

2. 窄带物联网技术

窄带物联网技术（NB-IoT）构建于蜂窝网络，可以直接部署于全球移动通信系统网络、通用移动通信系统（UMTS）网络和长期演进(LTE）网络中，它具有覆盖广泛、功耗极低和连接数量多等特点，由运营商提供连接服务。特别适用于覆盖范围广、数据传输量小、延时要求低的应用场景。由于其功耗低的特点，部分NB-IoT终端的待机时间可达10年！

3. 蜂窝通信技术

目前大多数手机的网络通信都采用的是蜂窝通信技术（4G/5G），它的特点是传输速率高、容量大、覆盖范围广、移动性好、有一定空间定位功能。适用于室外需要远距离、大容量的实时数据传输的应用场景。

三、数据通信模块的选用原则

智能产品设计开发过程中，对数据传输方式的选用要考虑很多因素，除了要考虑产品的体积、成本等影响因素外，还可从以下方面进行考虑：

传输速率高：Wi-Fi、UWB、4G/5G、有线网络。

传输距离远：NB-IoT、LoRa、4G/5G、有线网络。

传输功耗低：ZigBee、BLE、LoRa、NB-IoT。

传输带宽大：Wi-Fi、LTE、UWB、有线网络。

定位功能：室内（BLE、ZigBee、Wi-Fi、UWB、LoRa）、室外（4G/5G、UWB）。

其他功能：近距离刷卡用NFC，家电控制用IrDA，目标追踪用RFID。

使用场合：室内有源供电的大型产品，可考虑有线网络。

第四节　信息感知与常用传感器

一、智能产品中的信息感知功能

人类之所以能对外界变化做出各种反应，是因为我们可以借助于身体的感觉器官（包括眼睛、鼻子、耳朵、舌头和皮肤等）来感知外部信息的变化，大脑对感知到的信息进行思考后就可以做出正确应对措施。如图 2-14 所示，与人类的行为类似，智能机器人如果要实现在外界环境变化时做出正确应对的功能，首先要获取到机器人外部及内部准确可靠的状态信息，包括自身朝向、位置、姿态等内部信息，以及附近障碍物、声音和气味等环境信息，而传感器就是获取周边这些环境信息的主要途径和手段。

传感器是指能够感知并测量某种物理量或环境变化的装置。它可以将感知到的信息转化为电信号或其他形式的输出，以便进一步处理、分析和控制。传感器的出现和发展，让原本没有生命的物体像人类一样有了视觉、听觉、触觉、味觉和嗅觉等感知功能，使物体能够像人一样对外界信息的变化做出正确应对。当然，单靠人类自身的 5 种感觉器官，在研究自然现象和规律以及生产活动中已经远远不够了。为改善人类的这个缺点，现代感知技术已经在人类 5 种感知范围的基础上，突破了很多超出人类感知范围的应用领域。例如，在宏观上要观察大到上千光年的茫茫宇宙，微观上要观察小到费米（10^{-15}m）级别的粒子世界，在时空维度上要观察长到数十万年的天体演化，短到微秒甚至纳秒级别的瞬间反应。此外，还出现了对深化物质认识、开拓新能源、新材料等具有重要作用的各种极端技术研究，如超高温、超低温、超高压、超高真空、超强磁场、超弱磁场等，面对这些领域，人类已有的感官机能明显力不从心。为了突破人体感知的限制，科学家们不断探索先进的传感器技术，以获取那些超出我们直接感知范围的信息，这些传感器在扩大我们对宏观世界、微观世界和极端环境的认知方面能起到至关重要的作用。因此，高精尖传感器技术的发展，往往是一些学科获得突破性进展的基础条件。

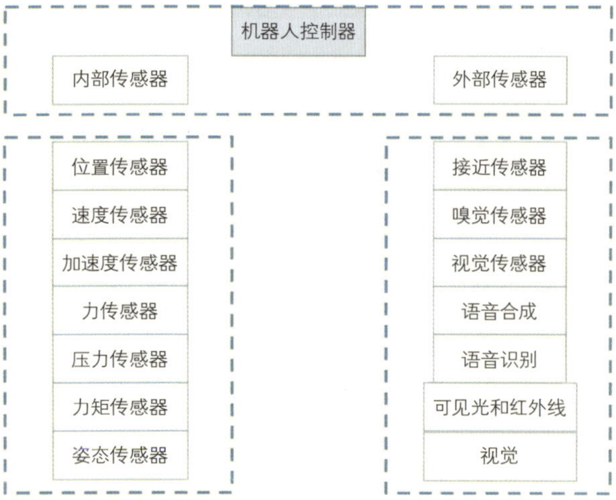

图 2-14　机器人系统中的常见传感器

传感器已经广泛应用于多个领域，包括工业生产、宇宙开发、海洋探测、环境保护、资源调查、医学诊断、生物工程和文物保护等。从茫茫太空到浩瀚海洋、从国防军事到日常生活，几乎每一个现代化项目都离不开各种各样的传感器。

二、常用的传感器

传感器的分类方式有很多，可以按用途分类，也可以按工作原理分类，还可以按照输出信号类型进行分类。由于传感器最初的设计目的是模拟人类的感知功能，用各种不同的电子装置来模拟人类的视觉、听觉、嗅觉、味觉和触觉，比如用色敏和光敏传感器来代替视觉，用声敏传感器来代替听觉，用气敏传感器来代替嗅觉，用化学传感器来代替味觉，用压敏、温敏和流体传感器来代替触觉，如图 2-15 所示。

因此，为方便大家理解和学习，接下来本书将传感器按照人类的 5 种感知方式来进行分类介绍。

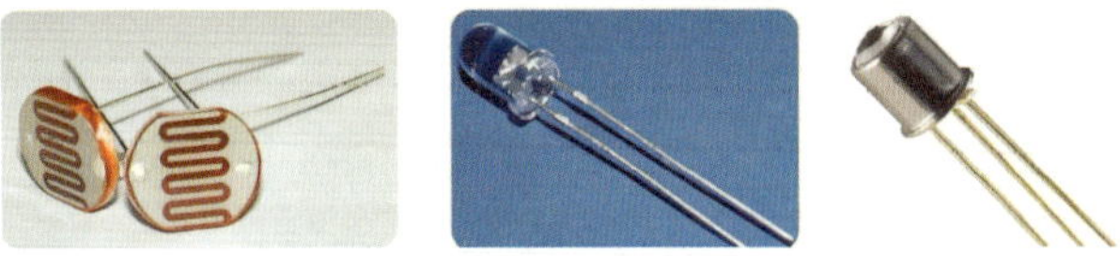

光敏电阻　　光敏二极管　　光敏三极管

图 2-16　常见的光敏传感器

（一）视觉类传感器

人类可以通过五种感觉获取外界信息，但获取信息量最多的渠道是视觉。在视觉类传感器中，光敏类传感器又是很常见的一种，它的具体形式也有很多，包括能够检测光线信号的光敏电阻、光敏二极管和光敏三极管（见图 2-16）。另外，还有红外线传感器、紫外线传感器、色彩传感器、电荷耦合器件（CCD）和互补金属氧化物半导体（CMOS）图像传感器等是常见的光敏传感器，它们在可见光波长附近以及红外线和紫外线波长范围内敏感。这些光敏传感器在不同应用场景中具有重要作用，提供了对光信号的侦测、分析和转换能力，推动了自动控制和非电量电测技术的发展。

不同温度的物体发出不同波长的红外线，红外线火焰传感器可以检测发出波长在 760—1100nm 范围内的红外线光源，如火焰。当传感器检测到火焰产生的红外辐射时输出高电平信号给微控制器。常见的几种红外线火焰传感器如图 2-17（a）所示。

（a）常见红外线火焰传感器　　（b）人体热释电红外传感器

图 2-17　两类红外线传感器

如果需要检测人体时，则可以使用人体热释电红外传感器，如图 2-17（b）所示，该传感器可以检测到温度为 37℃左右实体发出的红外线，即波长约为 960nm 的人体红外线，当传感器检测到人体红外线时会输出高电平信号给微控制器。

人类的眼睛可以轻易辨别出各种颜色。在传感器中，颜色传感器或色彩识别传感器也可以实现颜色识别功能，其原理是通过光学传感器获取物体反射的光谱颜色信息，并将识别出的颜色与事先设定的参考颜色进行比较。当物体反射的光谱颜色与某个参考颜色之间的差异在指定的范围内时，传感器会判断为已检测到指定的颜色，并输出相应的检测结果。色彩识别传感器可以检测各种不发光物体的颜色，并将检测出的颜色对应 RGB 值进行输出。

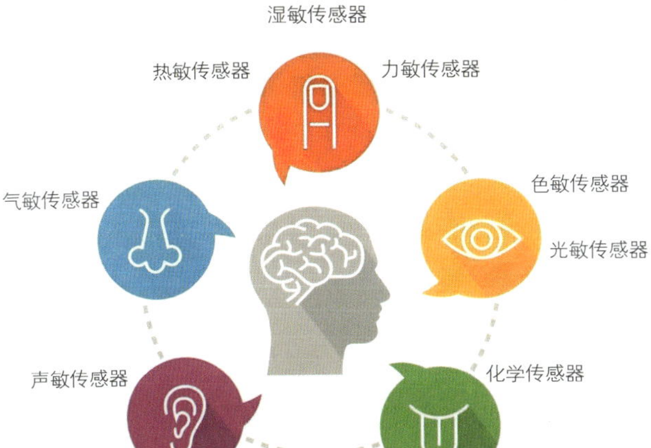

图 2-15　用来代替五感的几类传感器

（二）听觉类传感器

听觉是人类接收外部信息的重要渠道，接收信息量仅次于视觉。在传感器领域，用于检测声音的传感器主要有两大类。第一类是只用于检测声音的强弱或有无的分贝传感器和噪音传感器，它不关注声音的形式和内容，只关注声音的强度，当声音的强度达到电位器设定的阈值时输出电平信号。如噪声监测报警装置、声控灯等产品必然会用到此类传感器，如图 2-18 所示。

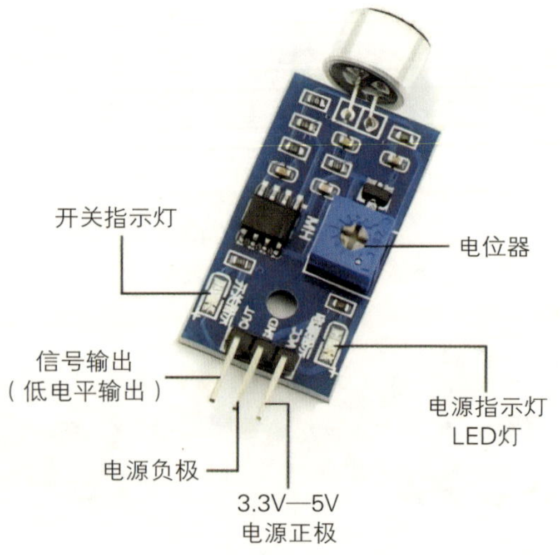

1.可以检测周围环境的声音强度，使用注意：此传感器只能识别声音的有无（根据震动原理），不能识别声音的大小或者特定频率的声音。
2.灵敏度可调（图中蓝色数字电位器调节）。
3.工作电压3.3V—5V。
4.输出形式：数字开关量输出（0和1高低电平）。
5.设有固定螺栓孔，方便安装。
6.印刷电路板（PCB）尺寸：31mm×17mm。

图 2-18　声音检测传感器及其功能与参数

第二类听觉类传感器除了要检测声音的强度外，还需要检测声音的内容，包括声音的响度、音调、频率和音色等，为了区分后文输入设备中的麦克风设备，这里的听觉传感器特指除了检测人类语音信息以外的其他听觉传感器。比如，在设计一款具有宠物陪伴功能的智能产品时，由于狗在愤怒、高兴、不安、着急和生病等不同情形时的叫声是不同的，可以选用一款高敏感度麦克风传感器检测宠物狗发出的叫声，并利用智能算法对检测到的声音进行识别处理，判断出宠物狗处在某种情绪后就可以采用合适的方式来对狗进行安抚和陪伴。这类传感器使用模拟电压量形式输出麦克风测得声音信号，使用的重难点在于设计智能算法对检测到的声音信号进行后期分析和识别处理。

（三）嗅觉类传感器

鼻子闻到气味主要是因为闻到了飘浮在空气中的某种气体散发出来的气味，模拟人类嗅觉的传感器其实就是模拟能够检测到对应气体浓度的气敏传感器。

1. 乙醇传感器

例如，如果某个人喝了酒，只要别人靠近对方身边，就可以闻到对方身上散发出来的酒味，也就是乙醇夹杂着食物的混合气味。警察在查酒驾醉驾时，常借助一款能够检测司机口中酒精浓度的酒精检测仪，该仪器中必然包含一个与 MQ-3（一种酒精传感器）功能相似的乙醇传感器。其工作原理为：乙醇传感器内部气敏元件在干净的空气中时电导率较低，当传感器处在带有酒精的环境中时，空气中的酒精浓度越高，气敏原件的电导率也越高，通过电导率的变化就可以推算出当前空气中的酒精浓度。

2. 天然气传感器

在家居安全监控类智能产品中，针对液化气、天然气等易燃易爆气体泄漏的检测和预防是非常重要的一种功能，实现该功能需要用到一款功能与 MQ-4 相似的天然气检测传感器。该传感器使用的气敏材料在干净的空气中电导率较低，但当传感器所处环境中存在可燃性气体时，可燃性气体与传感器表面的气敏材料相互作用，使传感器的电导率随着可燃气体浓度的增加而增大，通过对电导率的变化可以推算出空气中可燃性气体的浓度。MQ-4 气体传感器对甲烷的灵敏度高，对丙烷和丁烷也有较好的灵敏度。由于天然气中的主要成分就是甲烷，另外还含有少量的丙烷和丁烷，因此，MQ-4 特别适用于对天然气的检测。

（四）味觉类传感器

人类对味道的感知主要通过舌头上的味蕾，在我们舌头上大概分布有 5000 个味蕾，不同部位的味蕾有一定分工，舌尖的味蕾主要感受甜味，舌头两侧的味蕾主要感受酸味，舌根的味蕾主要感受苦味，舌头中央区域的味蕾对咸味特别敏感。也就是说，味蕾实际上只能感受到甜味、苦味、咸味和酸味，辣味则是通过舌头感知到刺痛感来判定的。

在食品和药品领域中，味觉物质分析在产品质量控制、新品研发、投诉处理、产品打假、市场预测和产品评估等多个方面起着重要作用，通过对味觉物质进行分析和评估，确保其口感和味道参数产品需求，并为产品配方的优化和改进提供科学依据。味蕾对酸甜苦咸等味道的感知其实是对味觉物质进行感知，传感器的味觉检测就是通过内置的生物或化学反应装置来检测对应的味觉物质的浓度，它们属于生物传感器或化学传感器。

虽然味觉传感器在食品工业中的应用正在逐步扩大，但由于味觉传感器技术和经济上的局限，以及人类对味觉感知和评价上主观因素较多，导致味觉传感器在各领域的应用渗透率仍然偏低。尽管如此，许多科研人员仍致力于对味觉传感器进行深入的研究，以提高其灵敏度、准确性和可靠性，并不断拓展其在食品工业中的应用领域。例如，2022 年 6 月美国国际商用机器公司（IBM）研究院发布了一套化学味觉感知工具——HyperTaste，该工具可以分析液体的化学成分、识别不同液体的类型，而不需要到高端实验室中进行检测。电子舌头 HyperTaste 的实物如图 2-19 所示。

研发与人类味觉系统相似的仿生味觉传感器是未来的发展方向，可以应用在仿生机器人、仿生医疗器械和食品药品等领域，但目前味觉传感器与人类味觉系统差距较远，味觉传感器行业未来发展还有很长道路要走。

图 2-19　IBM 研发的电子舌头 HyperTaste

（五）触觉类传感器

皮肤是人体主要的感觉器官之一，能接受外界各种刺激，通过神经传导和大脑皮层的分析，我们能够感知到冷、热、触、压、痛、痒等不同的感觉。此外，不同感受器或神经末梢可以共同参与感知过程，当它们的信息被大脑综合分析后，就会产生多种微妙的复合感觉。这些感觉反映了我们对外界环境的感知和身体状态的变化，如潮湿、干燥、平滑、粗糙、柔软、坚硬及形体觉、两点辨别觉、定位觉、图形觉等。因此，触觉类传感器有很多，其中温度传感器、压力传感器和湿度传感器就属于最常见的触觉类传感器。

1. 温湿度传感器

温湿度传感器是模拟和代替人体皮肤感知温度和湿度的一种装置，多以温湿度一体式的探头作为测温元件，通过采集温度和湿度信号，并经过稳压滤波、运算放大、非线性校正、电压 / 电流转换、恒流及反向保护等一系列电路处理后，将其转换为与温度和湿度呈线性关系的电流信号或电压信号输出，这些输出的电流信号或电压信号可以方便地用于监测和记录环境的温度和湿度变化。温湿度传感器的使用非常广泛，涉及温度和湿度检测的场合都会用到，如智能家居产品中的加湿器、空调，智慧农业中的温室大棚监控、仓储行业中的温湿度调控系统等。

常见的温湿度传感器有 DBS18B20、DHT11 等。

2. 压力传感器

压力传感器也是代替人体触觉的一种常用装置，它广泛地应用于家居生活、工业控制、水处理和医疗设备等领域中，比如智能电子秤中用压力传感器来感知重量、水处理系统中通过压力传感器来检测水位深度、电子血压计中使用压力传感器来检查压力以防止过压。

例如，在智能鞋垫产品中，可以集成一款薄膜压力传感器在鞋垫中检测足底相应位置的压力，并观察用户在滑倒、摔倒和绊倒等异常动作时的压力变化规律，从而提醒并纠正使用者走路姿势和运动中的不良习惯等。同样，在体重秤、平台秤和包装秤等各种称重设备中也需要使用一款类似平面膜盒式测力传感器作为重量感知器件。

（六）其他类传感器

除了以上 5 类模拟和代替人类器官进行信息检测的传感器外，还有许多可以超越人体感知功能和范围的传感器，它们可以感知到很多人体感官无法直接感知到的信息。比如，人类听觉只能够听到 20Hz—20000Hz 的机械波，超出这个范围后的声音对我们而言是一片寂静；视觉上也受距离和分辨率的限制，超出一定距离或细小到一定程度后肉眼形同虚设。世界上大部分的物质人类都能够感受到，但仍有不少神秘的物质是人类无法直接感知的，比如说电压、电流和磁场等。

在实际应用中，智能手机、汽车导航仪等具有电子罗盘功能的智能产品中必然会用到具有磁场检测功能的传感器；空气净化器、新风换气系统、控制质量监测仪、换气扇和空调等需要检测空气质量的产品中往往必须使用到一款空气挥发性有机化合物（VOC）传感器。

第五节 结果执行与常用执行器

一、概念及作用

执行器在控制类智能产品中扮演着重要的角色，它主要用于接收主控制器发送的控制信号，并通过改变被控对象的高度、角度和位置等参数，使被控变量维持在所需的状态或设定的范围内。

在控制领域使用的执行器有很多，但大多用于工业控制领域，在民用智能产品领域，常见的执行器包括控制管道中液体（如水）通断的水用电磁阀；控制电路通断的继电器或软开关；控制转速、行程和角度的各种电机等。

二、智能产品中常用的执行器

（一）电信号改变开关状态

智能产品在获取到环境信息或者用户的输入信号后，调用算法推理运算并输出二值状态的逻辑变量，该变量作用于外部环境需要通过开关类的执行器来配合实现，常见的开关类执行器包括水用电磁阀、继电器以及软开关等。

1. 水用电磁阀

该类执行器常出现在涉及液体流量通断控制的产品应用中，如感应式水龙头、智能饮水机、智能马桶和洗碗机等设备，其内部必然使用了水用电磁阀。水用电磁阀通常有入水口、出水口和信号线三个接口，入水口和出水口要注意有四分口和六分口等不同规格，另外在进行选择时还要注意入水口和出水口之间的角度和相对位置关系，常见的水用电磁阀及应用场景如图 2-20 所示。

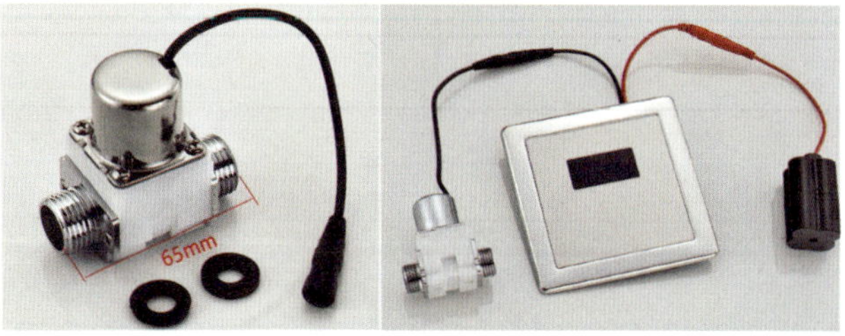

图 2-20 水用电磁阀及使用方式

2. 继电器和软开关

在很多应用场景，智能产品的运算结果需要用来驱动电路来改变环境状态，比如点亮或关闭某个灯泡、启动或停止风扇、抽湿机、车床等大大小小的用电设备，这时就需要用到电路通断控制的执行装置，如用低压控制高压电路通断的继电器，以及各种软开关，包括光电耦合器、双向可控硅和绝缘栅双极型晶体管（IGBT）等，这也是开关电源的工作原理。按照控制对象的工作电压特点，又可以分为低压控制高压解决方案和低压控制低压解决方案。

（1）低压控制高压解决方案

具有低压直流电控制高压交流电路功能的赛德小型固态继电器如图 2-21 所示，这是最简单的低压控制高压的解决方案，它可以使用 3V—32V 之间的常用低压直流电控制 24V—600V 高压交流电路通断，控制回路与负载回路之间采用光电或电磁等形式进行隔离。

（2）低压控制低压方案

如果想要让主控芯片的输出信号控制一个 5V

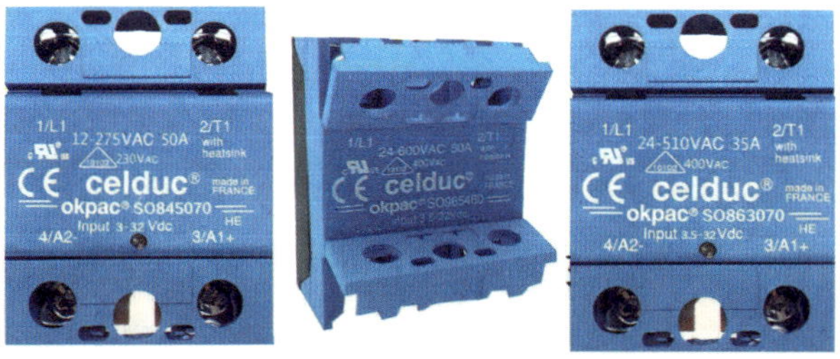

图 2-21 赛德小型固态继电器

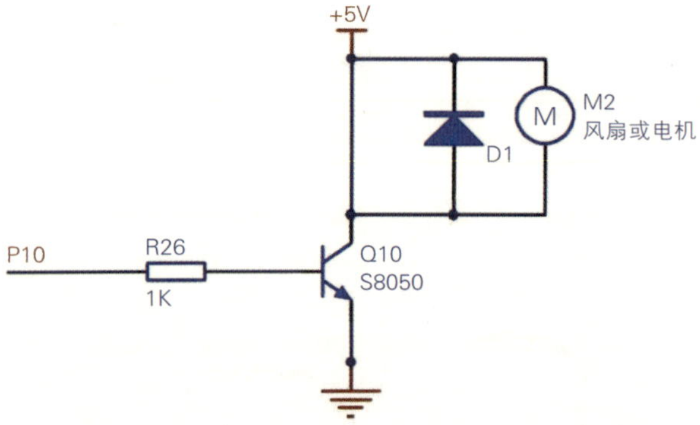

（a）NPN

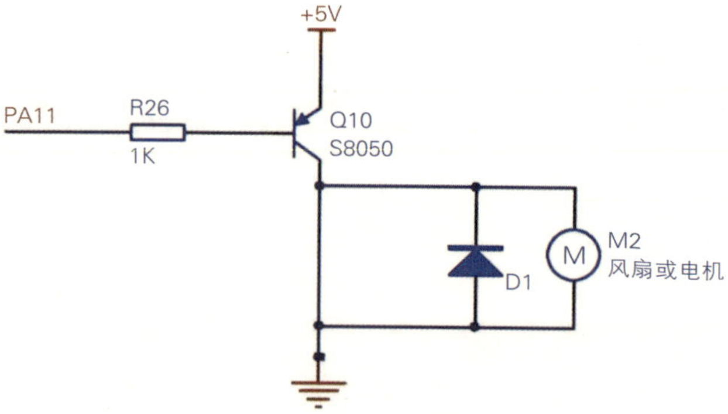

（b）PNP

图 2-22　通过 NPN 和 PNP 三极管通断电机或风扇原理图

的电机或风扇低压直流电路的通断，由于电机或风扇的工作电流通常远大于输出信号的电流，可以使用三极管或者金属—氧化物半导体场效应晶体管（MOS-FET）作为驱动元件搭建电路间接地控制电机或风扇，从而达到增大单片机引脚的驱动电流，实现启停电机或风扇的目的。其电路原理图如图 2-22 所示，其中 NPN 驱动电路为高电平导通，低电平截止；PNP 驱动电路为低电平导通，高电平截止。两种电路的电流驱动能力取决于所使用的三极管或 MOS 场效应晶体管，而单片机引脚的输出信号只起到电路开关控制的作用。

（a）自平衡车臂

（b）扫地机器人底盘

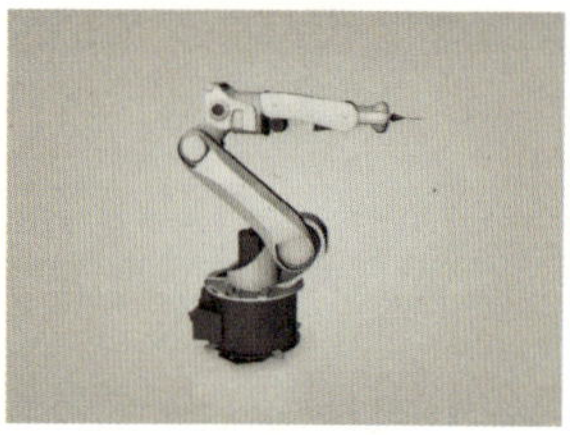

（c）机械臂

（d）动力狗

图 2-23　电机的常见产品应用

（二）电信号改变物理形态

电动机（Motor），俗称马达，是可以把电能转换成机械能的一种设备。按使用电源可分为直流电动机和交流电动机，在智能产品领域，主控制器主要通过直流电动机来改变自身的物理形态，包括位置、角度和转速等，如图 2-23 所示。

电动机从作用上可以分为动力类电机和控制类电机两类，简单来说，动力类电机通常功率较大，主要用来驱动负载，如平衡车、飞行器、扫地机器人中使用的电机；控制类电机功率较小，常用在控制领域的执行元件，如手机中使用的振动电机、机械臂中使用的舵机。

电动机的种类有很多种，常见的电动机有普通电机、伺服电机、舵机和步进电机，不同的电动机的优点、缺点各不相同，因此用途也不同。

普通电机价格低，广泛用于将电能转换为智能产品机械运动的场景，如智能小车和智能机器人的轮式移动、通风散热中的电机旋转等应用场景。

伺服电机内部包含了普通电机、传感器和控制器等一整套系统，可以非常精准地控制位置、速度或力矩，但其成本较高，多用于对控制精度、工作可靠性有要求的应用领域，如自动门的开合控制装置、激光加工设备、多功能打印机等。如图 2-24 所示，这种电机可以广泛应用在各种高精度使用场合，如外科手持器械、仿真机器人、精密工业设备和纹身机等。

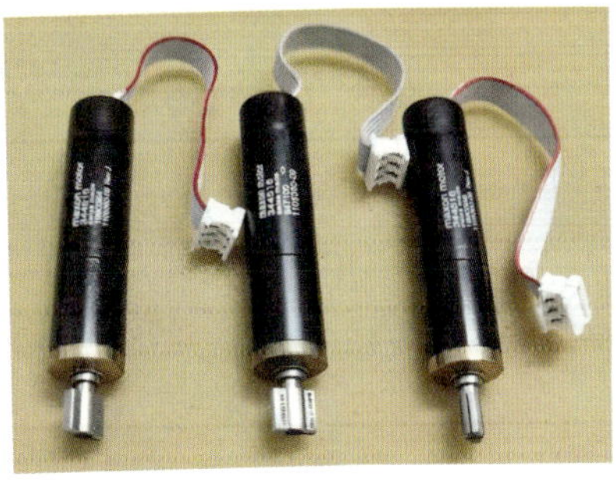

电机直径：10mm
空载转速：16000rpm
输出功率：1.5w
减速比：1:16
工作电压：DC12V
输出轴：2mm
电机长：46mm
电机效率：>90%

图 2-24　maxon RE10 高效节能型直流伺服电机

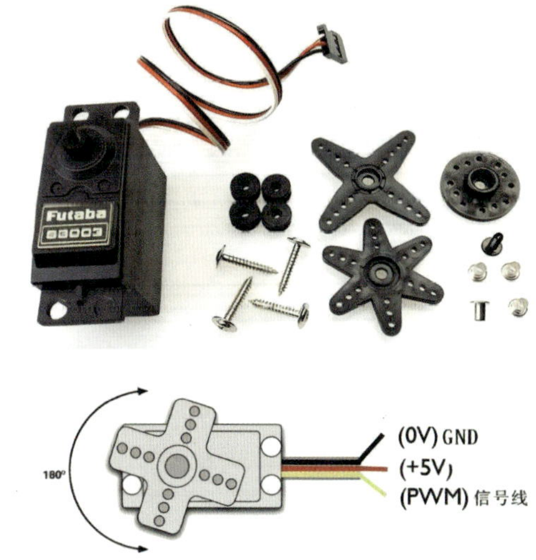

图 2-25　Futaba S3003 舵机、配件及其接线示意图

舵机也是一种常见的伺服电机系统，其本质就是个低配版的伺服电机系统。其内部包含电动机、传感器和控制器，构成一个完整的伺服电机系统。虽然它的精度较低，位置定位能力也较差，但价格低廉、结构紧凑，能够满足航模、小型智能产品等许多应用领域的需求，因此也成为当前很常见的一种输出执行器。Futaba S3003 数字舵机、配件及接线示意图如图 2-25 所示。

步进电机的旋转是根据接收到的电脉冲信号进行控制的，每接收到一个脉冲信号，步进电机就会转动一定的步距角。步距角是步进电机的固有属性，它代表了每次转动时步进电机转动的角度大小。假如步距角是 15°，表示每接收一个脉冲信号电机就转过 15°，需要接收 24 个信号电机才能转完一圈。通过控制脉冲信号的数量，可以实现步进电机按照指定角度或者位置进行精准地转动。步进电机跟伺服电机最大的不同就在于它属于开环控制系统，所谓开环控制系统，意味着它只通过接收并按照脉冲控制信号来转动，但并不能保证准确转到目标位置。当脉冲频率过高或负载较大时，步进电机可能会出现失步现象，即无法完全按照指定位置转动。所以步进电机通常使用在不需要位置反馈的场合，或者在其他设备上进行位置反馈。比如用在模型小车的车轮、摄像机云台等。常用的 42mm×42mm 的微型步进电机及其参数如图 2-26 所示。

产品型号：42步进电机
产品规格：两相四线
最大电流：1.5A
额定电压：3.3V
铅风格：AWG26 UL1007
制动扭矩：2.6N·cm
阻力值：10±10%Ω/相
步距角：1.8±5%度/步
电感值：20±20%MH/相位
保持转矩：48N·cm
转子的力矩：68g·cm^2
产品重量：282g
搭配线材：800mm，XH2.54端子

图 2-26　42 微型步进电机及其参数

第六节　人机输入及常用输入方式

一、输入设备简介

输入设备是指用户用来向系统中输入数据和信息的设备，是用户操作、管理和控制设备的主要途径。智能系统可以接收逻辑量、数字、文字、声音和图形图像等不同形式的信息，因此，输入设备也相应地有开关输入、数字输入、文字输入、语音输入和图形图像输入等几大类。

二、常用的输入设备

（一）开关输入设备

开关输入设备主要向系统输入只有二值状态的逻辑量，常见的开关输入设备有开关、按键、按钮等，它在各种智能产品中必不可少，如各种产品的电源开关、启停按钮和功能按键等，常见开关输入设备如图 2-27 所示。

汽车引擎开关

笔记本电脑电源开关

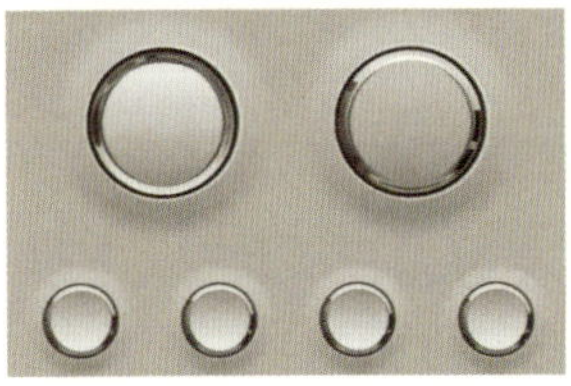

按键式开关

U盘写保护开关

图 2-27　智能产品中常见开关输入设备

（二）数字、文字输入设备

在有些应用场景中，用户需要向智能系统输入各种数字和字符信息，此时通常需要配备通用键盘或行业专用键盘进行信息输入，键盘的实质是多个按键的组合，常用于需要有大量数字和文字信息输入的场景。市场上容易买到的各种成品键盘如图 2-28 所示，需要根据产品功能进行定制的专用键盘如图 2-29 所示。

（三）语音输入设备

随着近些年人工智能技术的兴起，语音技术越

财务数字键盘

电梯控制专用键盘

通用数字键盘

图 2-28　常见的数字输入设备

多功能游戏键盘

智能快递柜多功能键盘

3D云台智能控制键盘

木材行业软件专用键盘

图 2-29　需根据产品功能定制的专用键盘

来越成熟，智能语音成为越来越多智能产品的标配功能，实现该功能时必不可少的一个硬件就是语音输入设备。

麦克风是目前最主要的语音输入设备，在智能产品的设计和开发过程中，麦克风的使用有两种常见方案。第一种是通过预留音频接口外接成品麦克风进行语音输入，通常用在不需要移动的大型智能设备开发方案中。另一种是选购麦克风模块，将麦克风模块连接到控制电路板上，并固定到产品壳体里面，通常用在中小型智能产品的开发方案中，确保产品使用的便携性和灵活性。常见的成品麦克风和麦克风功能模块如图 2-30 所示。

（四）图形图像输入设备

随着人工智能、深度学习和计算机视觉等相关技术的持续发展，智能系统对图形图像的处理能力越来越强，相关的行业应用也越来越多，包括日常智能产品中的图像识别、人脸识别功能，工业生产中的缺陷检测、质量监控功能，医疗行业中的病理切片智能分析、远程视频监控与预警等。

跟语音输入设备类似，在智能产品开发过程中，图形图像输入设备也主要有两种应用方案。第一种方案是采用成品图形图像输入设备（见图 2-31），这种应用方案主要用于不需要移动的大型智能设备中。第二种方案是通过选用摄像头模块（见图 2-32），把摄像头连接到主控电路板并固定在产品壳体合适的位置，这种方案主要用在中小型可移动产品中，确保产品使用的便携性和灵活性。

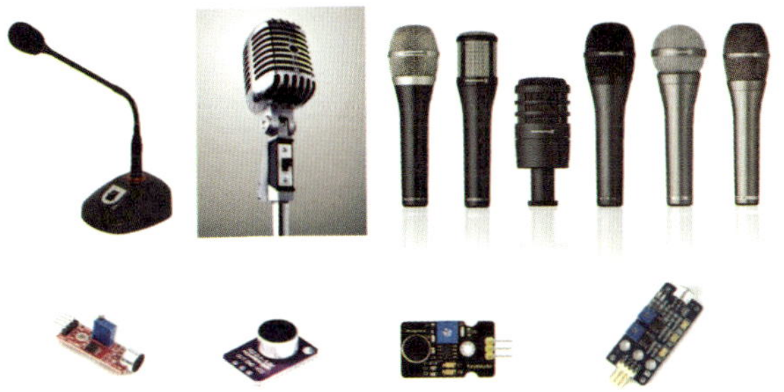

图 2-30　常见的成品麦克风和麦克风功能模块

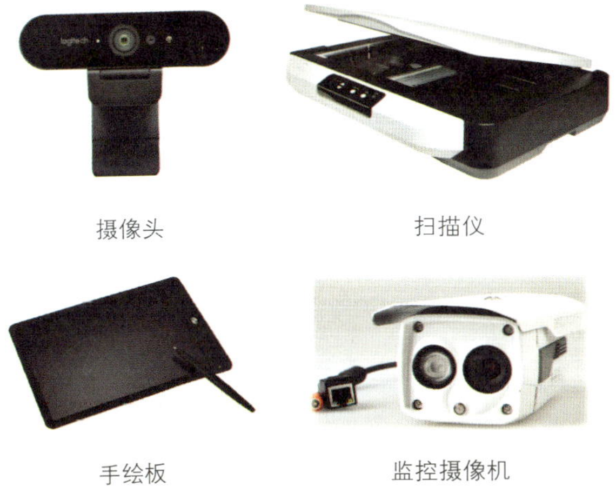

图 2-31　常见的图形图像输入设备

（五）其他输入设备

鼠标是一种常见的输入设备，主要用于辅助用户对设备进行操作和管理，其功能包括左右键点击、光标定位和翻页等功能。鼠标主要有传统鼠标和触控板两种形式，如图 2-33 所示。

图 2-32　常见的摄像头电路模块

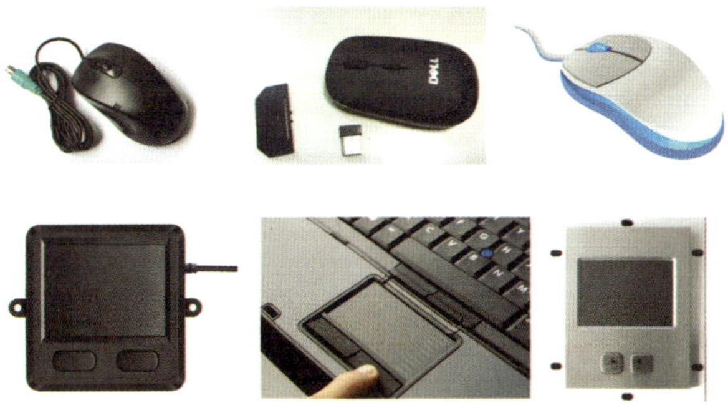

图 2-33　常见的鼠标和触控板

第七节　人机输出及常用输出方式

一、输出设备概述

智能产品是为了服务人类、满足人类的需求而生产的。因此，为了方便用户对智能产品的管理和利用，智能产品应该随时可以把它内部的运行状态和运行处理结果等信息以合适的形式呈现给用户。而输出设备就是一种能把嵌入式处理器分析计算的结果数据或信息以数字、字符、图像、声音等形式表现出来传递给用户的设备。

二、常用的输出设备

人类虽然有视觉、听觉、触觉、嗅觉和味觉 5 种感知功能，但常用的输出设备主要分为视觉类输出设备和听觉类输出设备两大类，其他跟嗅觉、味觉和触觉有关的数据都可以用视觉和听觉形态传递给用户。

（一）视觉类输出设备

人类视觉主要是通过眼睛对物体颜色和形状的感知来获取信息的，嵌入式处理器通过视觉类输出设备将数据以合适的颜色和形状等方式呈现给用户即可。智能产品设计方案中视觉输出也有两种解决方案，一种是选用合适的半成品显示模块，将模块连接到电路板并安装固定在产品壳体上，以方便用户操作使用，这种解决方案适用于可移动的中小型智能产品；另一种输出显示方案是设计接口直接连线调用成品显示设备进行数据显示，这种解决方案适用于不方便移动的大型智能设备。

1. 半成品显示模块

（1）发光二极管

发光二极管只有点亮和熄灭两种显示状态，但可以结合发光二极管不同的颜色传递丰富的信息：如红灯表示故障，黄灯表示警告，绿灯表示正常工作。发光二极管常用作智能产品的各种指示灯，包括电源指示灯、工作状态指示灯等，可以说在每个智能产品上都必不可少。常见发光二极管如图 2-34 所示。

（2）七段数码显示管

七段数码显示管可以表达 0—F 共 16 种十六进制的数字，多个数码显示管并列时可以输出显示较丰富的数字信息，如图 2-35 所示。

（3）LED 点阵屏

这种屏理论上可以显示任何东西，但由于分辨率较低，一般用来显示各种文本符号及相对粗糙的图形图像符号。具体应用时可以根据显示内容的数量和字体大小要求来选择不同尺寸的屏幕。常见应用如图 2-36 所示。

（4）液晶屏

液晶屏功能最强大，成本也更高，可以以丰富的颜色显示各种文字和图形图像，是目前使用

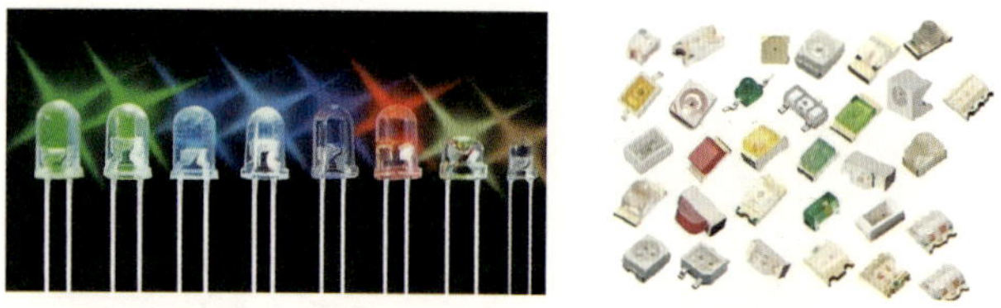

直插式发光二极管　　贴片式发光二极管

图 2-34　常见的发光二极管

1 位数码显示管　　4位数码显示管　　时分秒显示模块

图 2-35　常见的数码显示管及应用形式

停车场管理系统提示屏

欢迎标语显示屏

排队系统输出屏

图 2-36　常见的点阵屏应用形式

LCD液晶蓝、黄屏模块

1.54英寸TFT彩色屏模块

0.96英寸OLED单色屏模块

车载导航显示屏

空气净化系统显示屏

图 2-37　常见的液晶屏应用

最多的输出形式，目前主流液晶屏主要有 LCD 和 OLED 两种，OLED 屏幕更轻薄、能弯曲，是曲面屏设计的最佳选择，但成本很高，且良品率低。相比于 OLED 屏幕，LCD 发展历史更长，技术更加成熟，成本更低，在实际应用中依然是液晶显示的主流技术。常见的液晶屏模块及应用如图 2-37 所示。

2. 成品显示设备

对于固定在室内使用的大型智能设备而言，整个系统的输出可以采用各种成品显示设备来进行信息输出，包括直接用数据线连接电脑显示器进行显示、通过网络连接手机或平板等移动设备进行显示、连接到大型智慧屏上进行显示，还可以将数据用投影仪投放到指定平面，或者直接利用打印机打印出来供用户使用。常见的成品显示设备如图 2-38 和图 2-39 所示。

电脑显示器

手机、平板等移动设备

大型智慧屏

图 2-38　常见的成品显示输出设备

打印机

投影仪

图 2-39　常见成品视觉输出设备

（二）听觉类输出设备

在智能系统中，蜂鸣器、扬声器是最常用的听觉类输出设备。其中蜂鸣器是一种一体化集成结构的电子讯响器，通常采用直流电源供电，广泛应用于各种电子产品中用作发声的装置，例如计算机、打印机、复印机、警报器、电子玩具、汽车电子设备、电话和定时器等。在具体应用中，蜂鸣器可以通过改变电信号的频率和持续时间来产生不同的声音效果，用于提醒或提示用户进行相关操作。常见的蜂鸣器如图 2-40 所示。

扬声器，又叫“喇叭”，是一种电信号转换成声音信号的电声器件，更确切地说，扬声器的工作实际上是把一定范围内的音频电功率信号通过换能（电能—机械能—声能）方式转换成失真小并有足够声压级的可听声音，可以输出十分丰富的各种声音信号。

扬声器存在于每一款需要发声的电子智能产品中，同样，智能产品的声音输出可以选择使用如图

2-41 所示的各种扬声器，也可以选用如图 2-42 所示的各种半成品扬声器单元模块。不同的是后者需要对电路进行一定的连接设计，并将相应模块固定安装在产品壳体上。

压电式蜂鸣器

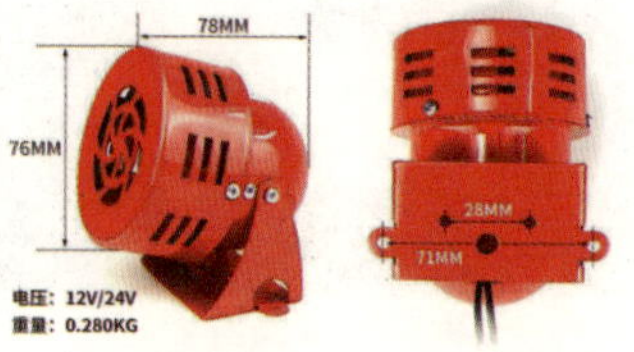

迷你马达报警器

图 2-40　两种常见蜂鸣器

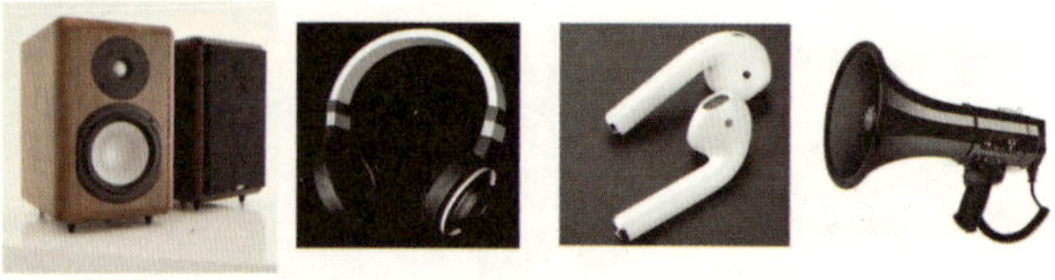

图 2-41　几种常见的成品扬声器

图 2-42　扬声器单元模块

第三章　智能产品的软件基础——新一代信息技术

第三章　智能产品的软件基础——新一代信息技术

本章概述

本章第一节主要介绍了物联网的概念、基本框架和应用案例，让学生了解智能产品与物联网的关系；第二节介绍了人工智能的基本概念、人工智能在 2010 年后再度崛起的三大基石：大数据、云计算和深度学习，并简单介绍了人工智能在各行各业的典型应用；第三节为了让学生理解产品功能与程序的关系，介绍了智能产品涉及的软件开发相关知识，并介绍了在“云物大智”等新一代信息技术背景下的智能产品架构。

学习目标

帮助学生建立智能产品软件系统开发相关技术的认知，从智能产品系统的设计需求上学习物联网、人工智能、大数据和云计算等新一代信息技术，熟悉智能产品软件开发的编程基础知识，从软件设计角度进一步增强对智能系统的整体把握。

产品设计是以满足用户需求为导向，综合运用科技成果结合美学、工学、心理学、经济学等自然学科知识和社会学科知识，包括对产品的功能、外观、结构、色彩、形态和包装等进行一系列的创新设计活动。

如果把智能产品比喻成房子，那么产品设计师就是房屋设计师。如果设计师不懂基本的房屋结构设计和施工原理，那么设计出来的房屋很可能会成为无法落地的空中楼阁。理想的设计和现实条件的限制必须有效结合，不存在真正的空中花园和通天塔，在工程领域，每一个设计都必须是可以被实现的。对产品设计师来说，学习和掌握一些基本的技术知识，了解技术边界，对实际开展产品工作具有非常大的益处，特别是在与技术工程师的配合和沟通中能起到关键作用。

因此，一款智能产品要从一个概念变成商品进入市场流通，除了需要熟悉具体应用背景知识外，还需要综合运用各种日新月异的新材料、新工艺、新技术等交叉学科知识来进行创新设计和实现。特别是近些年发展迅速的物联网、人工智能、大数据、云计算等新一代信息技术，带动了各行各业的飞速发展。“新技术 + 新设计”成了产品设计领域的必然趋势。对新一代信息技术的理解和合理运用，将成为智能产品行业对产品设计师的新要求。

第一节　智能产品与物联网技术

一、什么是物联网

物联网（Internet of Things，IoT）是典型的新一代信息技术，它是将世间万物进行互联互通的网络，它能将不同设备的信息通过网络的结合形成一个巨大的信息网，从而突破时间和空间的限制，实现任何时间内不同区域的人、机、物之间的互联互通。物联网有两重含义：第一，物联网的核心和基础部分仍为互联网，它是以互联网为基础，在这基础上进行延伸和扩展的网络；第二，物联网将互联网的终端设备（包括个人电脑、手机等）延伸和扩展到了不同物品之间的通信和交互。如图 3-1 所示，物联网是在互联网基础上的延伸和扩展，物联网中的设备数量将远远超越传统的互联网中的设备数量。据国际数据公司（IDC）预测，到 2025 年，物联网中的智能硬件设备将超过 400 亿台。

物联网通过各种传感器、射频识别技术（RFID）、激光雷达、位置定位系统等设备与技术，对所处环境内部或者外部的声、光、热、电、力、位置及生物、化学等信息进行采集，并按照约定的协议将这些信息通过互联网进行交互，从而实现对物体所处环境的监控、识别、检测、定位和管理。物联网的工作示意图如图 3-2 所示。不难发现，物联网中的各种终端设备其实都是智能硬件产品，即物联网终端设备是具备接入互联网能力且具备与其他设备共享和处理数据能力的硬件智能产品。硬件智能产品是物联网的关键组成要素，与物联网相辅相成，互为支撑，如果没有硬件智能产品的承载，就没有物与物之间的信息传输，物联网也就无法延伸和拓展。反之，如果没有物联网，硬件

图 3-1 “万物互联”的物联网

图 3-2 基于物联网的智能家居解决方案

智能产品就只能收集与处理本地数据，无法实现大数据、云计算和人工智能等更高层次的应用。

随着嵌入式芯片的制造成本越来越低以及互联网的不断普及，世界上的万事万物，小到一块手表、一把钥匙甚至是一粒药，大到一部汽车、飞机、建筑物甚至一整座城市，通过添加传感器和网络传输接口，都可以被互联网连接起来并赋予一定的智能化功能，从而使这些物品在没有人为干涉的情况下进行实时的数据通信并对外界环境做出反应。通过这样的方式，物联网使数字世界和物理世界融合在一起，构建出所有物品具有类人化知识学习、分析处理、自动决策和行为控制能力的环境，使我们人类世界的事物更加智能，响应能力更强。因此，物联网也被称为继计算机、互联网之后世界信息产业发展的第三次浪潮。

二、物联网的基础框架

从功能上看，物联网的基础框架可以分为三层，即感知层、网络层和应用层，如图 3-3 所示。

（一）感知层

感知层为物联网三层结构中的底层，它的主要功能为感知和采集环境信息。类似于人类的感知

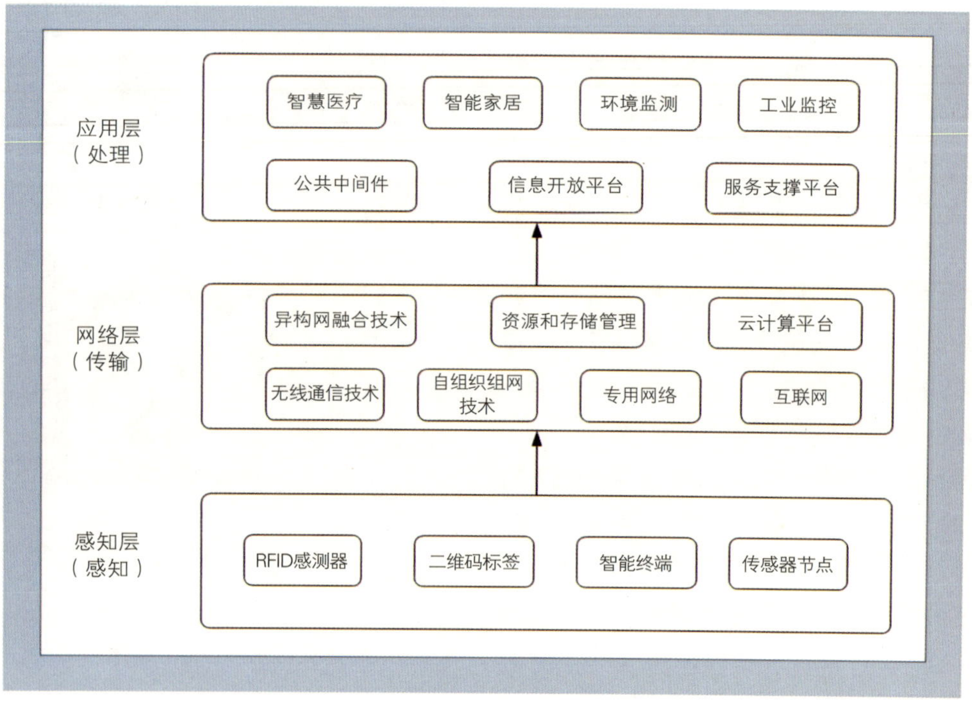

图 3-3　物联网的基础框架

系统，物联网的感知层使用各种传感设备如传感器、射频识别器、全球定位系统、红外感应器和摄像头等来感知外部世界，这些传感设备能够模拟人类的视觉、听觉、嗅觉、味觉和触觉等感官，从而实现对环境的感知和数据采集。感知层提供了物联网系统获取数据的基础，并为上层的网络传输和数据处理提供必要的输入。不同传感器的组合让物体具备了相应的“感知和知觉”，它们也是各种物体实现智能行为的重要硬件基础。数据采集完成后，感知层可以直接在本地对数据进行处理和计算，也可以通过 4G/5G、RFID、Wi-Fi、ZigBee、蓝牙、红外等无线通信技术将数据传输到服务器供应用层调用。

感知层由基本的感知器件（如 RFID 标签和读写器、各类传感器构成的智能终端或传感节点、GPS 等）和感应器组成的网络（包括 RFID 网络、Wi-Fi 网络、蓝牙网络、ZigBee 网络等）两大部分构成。感应层的核心技术包括传感器与检测技术、射频技术、短距离无线组网技术和现场总线控制技术等。感知层核心硬件包括各种传感器、电子标签、传感器节点、无线路由器和无线网关等。

（二）网络层

网络层位于物联网三层结构中的第二层，其核心功能为传输，在很多应用中把存储、计算也放在网络层的相关服务器中来完成。它是连接感知层和应用层的纽带，能够通过网络进行信息传输。网络层中包含了各种私有网络、互联网、有线通信网、无线通信网、数据存储管理系统和云计算平台等，在物联网中起信息传输的作用。网络层相当于人的神经中枢系统，负责将感知层获取的信息安全可靠地传输到应用层，然后根据不同的应用需求进行信息处理。

感知层获取到的数据可以通过移动通信网、互联网、企业内部网、各类专网和小型局域网等网络进行传输。各种类型的网络有不同的特点和应用场景，将各种网络进行异构组合才能发挥它们最大的作用，因此在实际应用中，信息传输通常会有多种网络组合而成。网络层所需要的关键技术包括远距离无线通信技术和短距离无线通信技术，以及将各种网络进行融合组网的异构网技术。其中常见的长距离无线通信技术包括 NB-IoT、LoRa、4G/5G 通信等；短距离无线通信方式主要包括 ZigBee、Wi-Fi、蓝牙、RFID 等。在不同应用场景下，选择合理的通信技术进行组网是最终实现客户需求的关键因素。

（三）应用层

应用层位于物联网三层结构中的顶层，其重要功能为“处理”，它是物联网和用户（包括人、组织和其他系统）的接口，能够通过云计算平台、公共服务平台和中间件进行信息处理，并为用户提供基于物联网的各种应用接口。应用层将物联网与各行业相结合，实现对物理世界的实时控制、精确管理和科学决策。例如智能安防产品中的摄像头能够采集用户家中的图像和声音等信息，并将这些信息上传到特定的服务器，然后由服务器对这些信息进行数据存储、自动计算和智能决策，当决策结果认为产品使用者家中有异常人物出现时，自动采取相关措施，比如通过手机 App 通知用户或者报警等。其中，智能安防产品对摄像头数据处理接口的调用和自动采取相关措施都属于应用层的内容。

三、物联网应用案例

对于传统的水、电表抄表工作来说，抄表员需要周而复始地重复做抄表和收费任务，并且水表有可能分布在田间地头，需要在杂草、泥土中寻找水表，还有的水表可能分布在窖井里，这些情况对抄表员来说又增加了不少难度。即使是在室内，也会面临着各种困难，如抄表员挨家挨户地抄表时，大部分居民会尽量配合；但有的居民不配合抄表员入室抄表，还有的居民可能不在家，这无疑又会给抄表员带来一系列难度。一个基于物联网技术的远程自动抄表解决方案如图 3-4 所示。

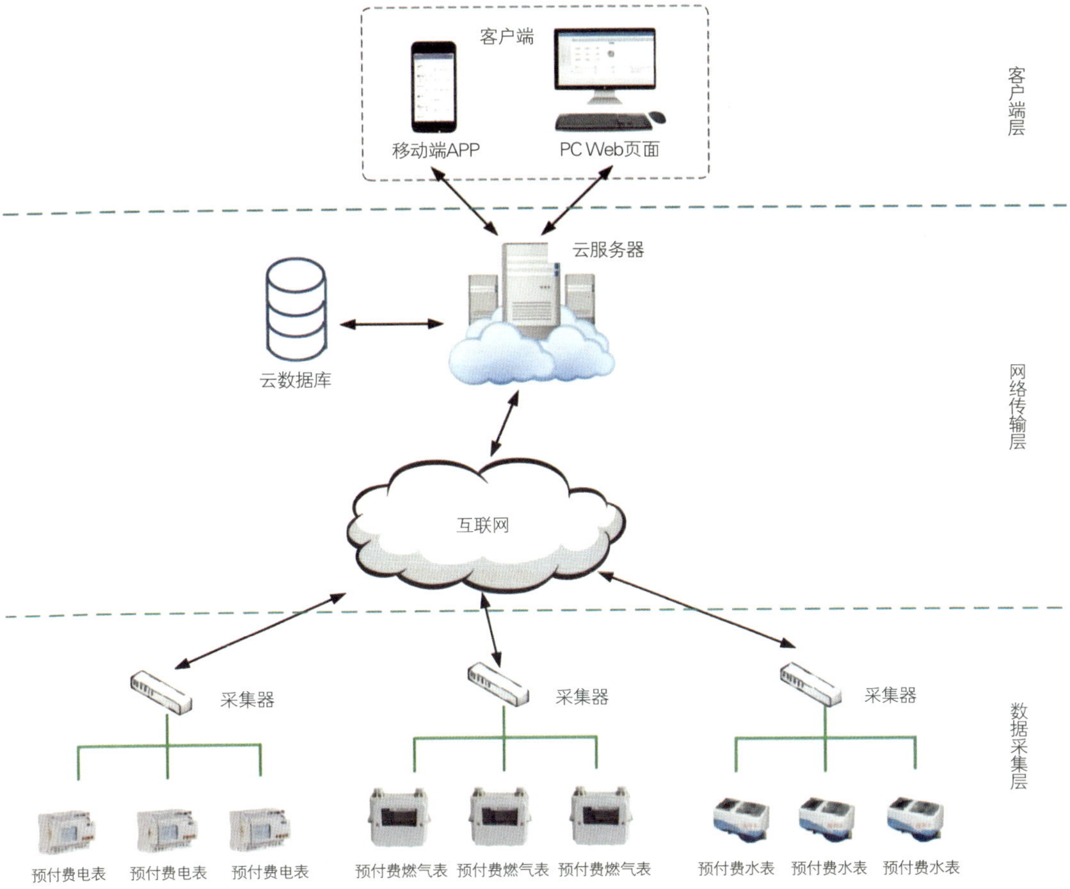

图 3-4　基于物联网技术的远程自动抄表解决方案示意图

整个远程自动抄表解决方案主要包括数据采集层的智能终端（如预付费电表、预付费燃气表和预付费水表等）和移动通信运营商的NB-IoT基站为代表的数据采集器；网络传输层的互联网链路，架设在互联网中的云服务器和云数据库；还有以手机App、PC Web为代表的客户端层。其中，智能终端及与其连接的采集设备负责对用户的水、电、燃气信息进行采集并计量，计量信息每个月通过NB-IoT网络以极低的功耗发送到移动运营商附近的基站进行数据汇总，NB-IoT基站通过互联网连接云服务器，将采集设备采集的智能表参数上传至云服务器供客户端调用。整个解决方案可以分为3层，包括用于感知信息的数据采集层、用于传递和处理信息的网络传输层，以及面向用户的客户端层。

（一）数据采集层

预付费水表、预付费电表、预付费燃气表等终端是本系统的数据源头，居民生活所需的水、电、燃气用量数据每时每刻都在更新，海量用户的水、电、燃气计量信息被预付费水表等智能采集终端周期性采样，这些终端会对采集的数据进行打包，按照一定采集进行数据的上传。采集器通过窄带物联网通信方式与采集终端相连，采集终端周期性地将采集的数据以无线方式上传至采集器，采集器再将汇总的数据通过互联网上传至云服务器。采集终端是一个相对独立的电子系统，具有超低功耗、睡眠模式和工作模式智能切换等特点。

该智能终端产品硬件方案以STM32L4系列低功耗嵌入式处理器为核心，另外搭载NB-IoT无线通信模块，同时集成了数据采集接口模块、按键模块、显示模块及电源模块。STM32处理器在本项目中主要负责支持数据采集接口模块对数据采集、存储及显示等功能的调度和处理。

无线通信模块是智能终端组网联网的关键设备，该方案中采用上海移远通信技术股份有限公司所生产NB-IoT无线通信模块BC95，它的主要作用是将数据采集模块收集到的水、电、燃气等消耗数据按照NB-IoT无线数据协议打包并发送至NB-IoT基站。

另外，由于智能终端通常每个月采集1次数据，整个系统运行的功耗非常低，通常使用电池进行供电，理论上电池可保证设备连续工作10年，以避免停电无法传输数据、频繁更换供电设备的问题。同时，由于水表、电表和燃气表的工作环境特殊性，在设计智能终端产品时，对产品的电磁兼容性、防潮、耐高低温、防雷等性能也有较高的要求。

（二）网络传输层

本方案中，网络层通过NB-IoT基站采集各户的水表、电表和燃气表等数据，并将收集到的数据通过互联网传输到阿里云服务器上进行数据存储和智能处理。

其中，NB-IoT基站采用的是华为公司基于3GPP R13 Cat – NB 1标准开发的基站系统，主要负责将数据采集层的所有智能终端进行组网收集数据，并把收集到的数据再次通过互联网传输到云服务器上。该基站设备已经在2016年10月经过华为公司和罗德与施瓦茨公司共同完成基本测试，成功验证了空中接口技术和射频性能，具有良好的通信可靠性和通信质量。远程服务器则租用阿里巴巴的云服务器，主要是用作各户水、电、燃气等数据的云存储，以及对各户水、电、燃气消耗数据进行计费、扣费等计算，同时为应用层客户端提供远程登录、查看和各种管理操作接口。

此外，本方案涉及的相关基站的运营维护服务主要由相应的移动运营商负责，租用的云服务器则主要由阿里巴巴负责运行维护。

（三）客户端层

物联网的应用层有很多种表现形式，在本方案中，主要为用户或者管理人员提供手机端小程序或App、PC端网页（Web）两大类操作接口，这些客户端除了运行平台不同外，基本功能是相似的，主要功能包括以下几点：

1. 远程查看：抄表信息通过网络实时上传到

云平台，用户通过客户端随时可以查看数据，方便快捷。

2. 在线支付：用户可以通过小程序或者微信公众号实现在线自助充值水、电、燃气费，也可以实时关注用水、用电、用气情况。

3. 短信提醒：为用户提供金额不足或金额欠费提醒，水、电、燃气表充值到账提醒，确保相关信息可以及时以短信的方式通知用户。

4. 价格设置：管理员可查看某区域水、电、燃气表的实时状态信息，并可以进行单表或批量设置水、电、燃气单价等操作。

5. 能耗分析：用户和管理员可查询用户预付费表每天的用能状况；系统可提供能耗分析与财务轨迹一体式综合管理报表，包含用户表的能耗、财务数据、能耗和财务的期初期末值等数据。

6. 远程控制：管理人员通过远程操作实现对任意一户水、电、燃气表执行远程拉闸或断电保护等远程控制，便于管理。

第二节　智能产品与人工智能

随着人工智能、云计算以及大数据等新一代信息技术的不断突破和发展，智能硬件已被广泛应用于各行各业，用于打造智慧、智能行业的新概念，比如智能家居、智能城市、智慧医疗、智能交通、智能工业、智能物业、智能农业、智能服务、智能教育、智能建筑和智能穿戴等。其中，智能穿戴、智能家居领域的智能硬件产品主要服务于 C 端用户（消费者端），普及程度较高；智能交通、智能医疗和智能教育等领域的智能硬件产品则主要服务于 C 端用户和 B 端机构（商业端）；智能城市、智能物业、智能服务领域的智能硬件产品则主要服务于 B 端机构，比如物业、政府、银行和医院等。

一、什么是人工智能

人工智能是研究与开发用于模拟、延伸和扩展人类大脑智能的理论、方法、技术及应用系统的一门新科学。人工智能是计算机科学的一个分支，它试图了解智能的实质，并对人的意识、思维过程进行模拟，制造出能模拟人类做出合适反应的智能机器或系统。该领域的研究包括机器人、语音识别、自然语言处理、专家系统、自动推理和搜索方法、机器学习和知识获取、知识处理系统、计算机视觉等内容。简单来说，人工智能就是让机器或系统能够模仿人类智能执行任务的一种技术，它可以根据收集到的大量信息不断进行迭代，并根据历史数据和实时数据，对当前情况做出正确决策，甚至对将来事物的走向做出合理预测。

当人工智能（AI）与物联网（IoT）相结合，人工智能物联网（AIoT）的概念就诞生了，也就是物联网将智能硬件产生或采集的海量数据存储于云端服务器上，通过大数据分析及人工智能技术，实现万物数据化、万物智联化。AIoT 不是新技术，而是人工智能技术与物联网在实际应用中的融合，是一种新的 IoT 应用形态。物联网通过其网络终端的智能硬件及各种传感器，使人工智能系统能够感知到外界并与之进行交互。比如人工智能系统可以通过摄像头去看，可以通过麦克风去听，可以通过喇叭去说，还可以通过各种传感器去感受外界的声、光、热、电、力等。如果说人工智能系统是大脑，那么物联网就是让人工智能系统具备感知能力和执行能力的身体。人工智能系统分析并处理数据后，再通过智能硬件（如机械臂、无人机等）与外部世界进行交互。这样的协同模式将使物联网中的智能硬件表现得更加智能，从而更好地满足用户的要求。

人工智能的出现和发展对各行各业都影响深远，为智能硬件产品主要带来以下改变：第一，人工智能使得智能硬件能够根据外界环境自主应对，从而减少人的参与和干预。如无人驾驶汽车就是一种典型的全自主智能产品，它可以依靠人工智能、视觉计算、雷达、监控装置和全球定位等多种技术协同合作，让汽车控制中心可以在没有任何人类主动操作的情况下，自动安全地驾控机动车辆。第二，人工智能能够使智能硬件根据历史数据和实时数据，对未来可能出现的情况进行一定的分析和预测，并做出最佳反应。如谷歌下属子公司 DeepMind 的 AlphaGo 系列中的围棋程序就是这样一种智能产品，它们通过事先学习人类已有的围棋棋谱或基本围棋知识，在对弈时分析整盘棋局的历史数据和实时数据，并根据预测对手的可能走法来做出正确响应，从而击败对手取得围棋最终的胜利。

二、人工智能崛起的三大基石

人工智能的诞生已有六七十年，但最近十来年的强势崛起，离不开三大基石：大数据技术、云计算能力和深度学习算法。深度学习算法是人工智能迎来第三次浪潮的关键技术，大数据为深度学习提供了足够多的基础数据和数据来源，云计算提供了足够的数据计算和分析能力，有了它们的加持，深度学习算法才具有了更高的智慧，人工智能才能真正地模拟甚至替代“人脑”完成更加复杂的工作，从而引领人类社会并促使各行各业的变革。可以说，大数据是人工智能发展的“燃料”，云计算是“内燃机”，深度学习则能够全面提升 AI 的水平，促进人工智能的欣欣向荣。

（一）大数据

1. 大数据的概念及四大特征

大数据（big data），指的是一种规模大到在获取、存储、管理、分析方面大大超出了传统数据库能力范围的数据集合，它具有海量的数据规模、快速的数据流转、多样的数据类型和数据价值密度低四大特征。

（1）海量的数据规模。传感器、物联网、工业互联网、车联网、手机、平板电脑等，无一不是数据采集终端或产生来源。在如今的数字时代，整个世界时时刻刻都在产生着数量庞大的数据，大数据不再以 GB 或 TB 为单位来衡量，而是以 PB（1000 个 TB）、EB（100 万个 TB）或 ZB（10 亿个 TB）为计量单位。顾名思义，数据规模庞大，就是大数据的首要特征。

（2）多样的数据类型。大数据不仅体现在量的急剧增长，数据类型亦是多种多样，可分为结构化、半结构化和非结构化数据。结构化数据存储在多年来一直主导着 IT 应用的关系型数据库；半结构化数据包括电子邮件、文字处理文件以及大量的网络新闻等，主要以内容为基础，这也是谷歌、百度等搜索引擎存在的理由；而非结构化数据随着社交网络、移动计算和传感器等新技术应用不断产生，广泛存在于社交网络、物联网和电子商务之中。网络日志、音视频、图片、地理位置信息等非结构化数据量占比已达到 80%，并在逐年提高。

（3）数据价值密度低。大数据的重点不在于其数据量的增长，而是在信息爆炸时代对数据价值的再挖掘，如何挖掘出大数据的有效信息才是至关重要的。价值密度的高低与数据总量的大小成反比。虽然价值密度低是日益凸显的一个大数据特性，但是对大数据进行研究和分析挖掘仍然是具有深刻意义的，大数据的价值依然是不可估量的。毕竟，应用价值是推动一切技术（包括大数据技术）研究和发展的决定性动力。

（4）快速的数据流转。美国互联网数据中心指出，2009 年至 2020 年间，企业数据以 55% 的速度逐年增长，互联网数据每年增长约 50%，整个人类文明所获得的全部数据中，90% 是最近 5 年产生的。要求数据处理速度快也是大数据区别于传统数据挖掘技术的本质特征。有学者提出了与之相关的“一秒定律”，意思就是在这一秒有用的数据，下一秒可能就失效。数据价值除了与数据规模相关，还与数据处理速度成正比关系，也就是数据处理速度越快、越及时，其发挥的效能就越大，价值越大。

2. 大数据的四大关键技术

大数据技术是 IT 领域新一代的技术与架构，是从各种类型的数据中快速获得有价值信息的技术。大数据本质还是数据，其关键技术主要包括四大项：海量数据聚合和预处理技术、大数据存储与管理技术、大数据分析和挖掘技术、大数据展现和应用技术（大数据检索、大数据可视化、大数据安全等）。

（1）海量数据聚合和预处理技术

海量的数据本身是没有多大价值的，大数据技术的真正价值在于对海量数据进行智能处理，并从中分析和挖掘出有价值的信息。但分析和挖掘的前提是得先拥有大量的数据。

采集数据是进行数据价值挖掘的第一步，一般通过将传感器、通信网络、智能识别系统及软硬件资源接入系统，实现对各种类型海量数据的智能化识别、定位、跟踪、接入、传输和信号转换等。为了快速分析处理，大数据预处理技术要对多种类型的数据进行抽取、清洗、转换等操作，将这些复杂的数据转化为有效的、单一的或者便于处理的数据类型。

就算是大数据服务企业也很难就“哪些数据未来将成为资产”这个问题给出确切的答案。但可以肯定的是，谁掌握了足够的数据，谁就有可能掌握未来，现在的数据采集就是为将来的流动资产做积累。

（2）大数据存储与管理技术

数据可以根据多种分类方法进行划分，包括结构化数据、半结构化数据和非结构化数据，也可以分为元数据、主数据和业务数据，还能分为地理空间数据（GIS）、视频数据、文本数据和语音数据等。为了应对数据多样性的存储需求，除了传统的关系型数据库之外，还有两种常用的数据存储类型：一种是基于海杜普（Hadoop）分布式文件系统（HDFS）的分布式存储系统，它适用于直接存储非结构化文件，这种存储系统能够处理大规模的数据，并具备高容错性和可伸缩性的特点。另一种是非关系型数据库（NoSQL），NoSQL 数据库提供了非常灵活的数据模型和水平扩展能力，能够有效地应对数据量的增长和变化，可以存储半结构化和非结构化数据。常见的 NoSQL 数据库有 MongoDB、Cassandra、Redis 等。大数据存储与管理就是要用这些存储技术把采集的数据存储起来进行管理和调用。

在一般的大数据存储层中，关系型数据库、NoSQL 数据库和分布式存储系统三种存储方式都可能存在，业务应用根据实际的情况选择不同的存储模式。为了提高业务的存储和读取便捷性，存储层可能封装成为一套统一访问的数据服务（Data as a Service，DaaS）。DaaS 可以实现业务应用和存储基础设施的彻底解耦，用户并不需要关心底层存储细节，只需关注应用端对数据进行的存取和调用即可。

（3）大数据分析和挖掘技术

大数据分析和挖掘就是从大量的、不完全的、有噪声的、模糊的、随机的实际应用数据中，分析和挖掘出隐含其中的高价值信息和知识的过程。大数据分析和挖掘涉及的技术方法很多，根据挖掘任务可分为关联规则发现、分类或预测模型发现、依赖关系或依赖模型发现、异常和趋势发现等；根据挖掘方法可分为机器学习、统计方法和神经网络等。其中，机器学习又可细分为归纳学习、遗传算法等；统计方法可细分为回归分析、聚类分析和探索性分析等；神经网络可细分为前馈网络和反馈网络等。

面对不同的分析或预测需求，所需要的分析挖掘算法和模型是完全不同的。上面提到的各种技术方法只是一个处理问题的思路，面对真正的应用场景时，都得按需求来调整这些算法和模型。

（4）大数据展现和应用技术

大数据的使用对象远远不止是程序员和专业工程师，大数据分析应用的目的是发现海量数据中蕴含的高价值信息和新知识。数据分析的结果出来后，如何将大数据技术的分析成果展现给普通用户或者公司决策者，这就需要涉及用于数据展现的可视化技术了，它是目前解释大数据最有效的手段之一。在数据可视化中，数据结果以简单形象的可视化、图形化和智能化的形式呈现给用户供其分析使用。常见的大数据可视化技术有标签云、历史流和空间信息流等。

3. 大数据的用处

大数据对社会、经济和生活等领域的影响不仅仅于技术方面，而且为我们提供了一种全新的看待世界的方式。过去，决策行为主要基于经验和直觉；而现在，大数据分析已逐渐成为决策的基础。具体来说，大数据主要有以下几个作用：

首先，大数据与云计算相辅相成，相互促进，共同发展。大数据技术的战略意义不在于海量数据本身，而在于对海量数据进行专业化处理，通过对数据进行“加工处理”，可以发掘出更多具有更高价值的数据和知识。云计算相关的分布式处理架构、分布式数据库、云存储和虚拟化技术等是支撑大数据处理和分析的重要基础，大数据需要依赖这些技术来实现海量数据的高效处理和挖掘。

其次，大数据为人工智能的快速发展提供了丰富的数据资源。人工智能是很多技术的总称，涉及生物特征识别、语言识别、图像识别、自然语言处理和专家系统等。新一代信息技术的快速发展，计算能力、数据处理能力和处理速度都得到了巨大提升，同时机器学习算法也得到了快速演进，大数据的价值得以展现。另外，智能终端和传感器的广泛应用导致各种数据迅速累积，这为基于大数据的人工智能提供了快速发展的动力。虽然大数据和人工智能关注的焦点不同，但它们之间存在重要的内在联系。人工智能以大数据作为思考和决策的基础，而大数据则需要人工智能对其进行价值提取，挖掘数据的更大价值。

大数据应用已广泛存在于商业智能、政府决策和公共服务等众多领域，疫情防控、反电信诈骗、智能交通和环境监测等日常生活场景都有大数据的影子。

（二）云计算

1. 什么是云计算

对于很多智能应用来说，智能终端在采集到现场信息后需要对数据进行大量的计算和处理，但本地终端处理器的性能、功耗、体积等方面都存在限制，为了不影响功能，通常将收集到的数据上传到互联网，将这些计算和处理放到高性能服务器上去完成。在过去，为了支持智能硬件功能的实现，智能硬件厂商需要购买服务器、交换机、带宽和存储器等相关硬件设备，以及数据库、分析工具等软件服务，还需要安排专门的运维工程师来维护服务器的正常运行。智能硬件厂商的规模越大，需要购置的服务器就越多，其中的设备、人力、建设和维护等各方面成本是中小型智能硬件厂商难以承担的，在这样的背景下，云计算应运而生。

云计算是分布式计算的一种，它的基本思想就是通过网络“云”将巨大的数据计算处理任务分解成无数个小任务，然后通过多台服务器计算和处理这些小任务，并将计算得到的结果返还给用户。利用云计算技术，可以在短短数秒内完成对数以千万计甚至数以亿计的信息进行处理，从而达到与超级计算机具有同样强大效能的网络服务能力。早期的云计算基本采用简单的分布式计算进行任务的分发和计算结果的合并；现阶段的云计算已不只是一种分布式计算，而是集分布式计算、效用计算、网络存储、负载均衡和内容分发网络等计算机和网络技术于一身的结果。

广义上讲，云计算是一种计算服务（包括服务器、存储、数据库、网络、软件和分析等用于数据处理相关的资源），而提供计算资源的网络被称为“云”。云计算把许多计算资源集合起来，通过软件实现自动化管理，只需要很少人参与，就可以让资源快速运行起来。基于云计算，智能硬件厂商可以通过互联网获得计算能力，而无须耗费巨资去购买服务器等设备。包括服务器在内的所有 IT 基础设施及软件都由云服务供应商升级、维护。我们可以将计算资源看作一种可以在互联网上流通的商品，就像水、电、燃气这类资源一样，可以方便地按需购买和使用。

值得注意的是，云计算不是一种全新的网络技术，而是基于互联网的一种新型计算模式和应用概念。它以互联网作为基础架构，通过网络提供快速、安全的计算服务和数据存储。云计算的核心理念是将庞大的计算资源和数据中心提供给每个使用互联网的用户，并按需收费。用户可以通过互联网连接到云计算平台，灵活使用其计算能力和存储空间，无需担心自身的硬件设备和服务器配置。云计算的出现使得企业和个人能够高效地管理和利用计算资源，同时减少了成本和风险，提供了更多的便利性和可扩展性。

2. 云计算对智能产品的影响

云计算能够给智能硬件带来以下改变：

第一，云计算使智能硬件产品更加智能。在物联网背景下，智能硬件设备的广泛应用将产生大量的数据。而传统硬件架构的服务器往往无法满足这些数据管理和处理的性能需求。这时候云计算发挥了重要作用。云计算拥有规模庞大的计算集群和高速的网络传输能力，能够有效地支持物联网数据的传输和计算。通过使用云计算，物联网设备可以将采集到的数据快速、安全地传输到云平台，然后在云端进行存储、处理和分析。云计算提供了强大的计算能力和灵活的资源调配，能够实现高效的数

图 3-5 松下家用智能体脂秤

据管理和处理，为物联网应用提供了可靠的基础设施和技术支持。此外，云计算集成了海量数据和大量 AI 应用，可以满足智能硬件产品在不同场景下的数据采集、数据存储和数据分析等需要。一款松下公司的家用智能体脂秤如图 3-5 所示，它不仅能测量用户的体重和体脂等信息，还能够把用户的体测信息上传至云端，建立用户的体测数据档案，并能够结合历史体测数据评估用户的健康情况和预测用户体测信息的变化趋势，提供合理的生活、饮食和运动等方面的建议。这些能够使智能硬件产品更加智能、更加实用的功能和服务，都是基于云计算（需结合人工智能和大数据）实现的。

第二，云计算使减小智能硬件产品的体积和降低成本成为可能。例如，对于一款 AR 眼镜智能终端设备来说，其本质是在现实世界中有机地融合虚拟信息，增强人们对真实环境的感知体验。为了给终端用户带来良好的体验，AR 设备需要能准确地识别和跟踪目标，并具备高质量的图像渲染能力，这就要求产品必须具备较高的计算能力和一些其他特性。配备算力更强的芯片及其他电子元器件无疑会让 AR 设备的成本和重量增加、尺寸和功耗增大，从一定程度上降低了用户的购买欲望及使用体验。如果利用云计算的数据存储和高速计算能力来完成图像的高质量渲染以及虚拟对象位置的准确识别，则会降低 AR 设备因本地渲染和计算而引起的额外设备功耗，减少对 AR 本地存储的限制，使 AR 设备不必安装昂贵的芯片及其他电子元器件。通过云计算，AR 设备不仅可以减小体积和功耗、降低设备成本，产品的性能还能得到明显改善，为用户带来更好的操作体验。

3. 云计算应用案例

以一款基于云计算服务的人脸识别闸机方案为例，如图 3-6 所示，该方案是集多种软硬件技术于一体的集成化智能系统。硬件上，它在传统闸机的基础上加入了用于人脸图像采集的前端摄像头设备，并在前端设备上集成网络通信接口将闸机接入互联网，从而可以跟云服务器进行通信。软件上，通过配合云计算平台接口开发可视化人脸后台管理系统，包括易于操作的人脸识别和添加、删除、查看人脸数据库的能力，以及对闸机开合状态的手动控制。

智能闸机系统工作原理为：闸机管理人员首先将所有需要进出的人员的脸部信息采集并上传至云服务器，当有人出入时，闸机会对进出人员进行拍照，并把拍摄的照片通过网络上传至云平台，云平

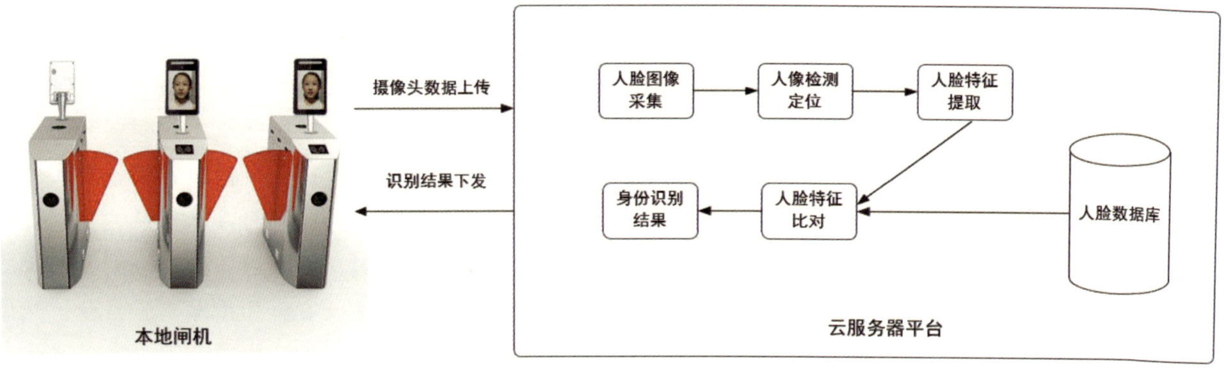

图 3-6 基于云计算服务的人脸识别闸机工作示意图

台调用自身的算力对图片进行分析计算，提取上传的人脸照片的人脸特征信息，并将识别出来的人脸特征与人脸库中的特征信息进行比对，随后比对结果通过网络下发回闸机系统，如果拍摄的人脸与库中已有的人脸信息一致，则闸机自动打开。

（三）深度学习

1. 人工智能的三个阶段

在 AlphaGo 战胜李世石后，越来越多行业开始关注并探索如何与人工智能进行结合。随着越来越多的公司加入，人工智能迎来了行业发展史上的又一次大爆发，自然语言处理、深度学习算法和神经网络等技术逐渐受到人们的关注。就目前的发展情况来看，人工智能的发展大概可以经历三个阶段。

第一个阶段是计算的智能化。计算机可以像人一样进行逻辑推理和数学计算，甚至比人更快更准确。目前很多领域已经实现了机器处理大量的数据运算，它比人更加高效。

第二个阶段是感知功能的智能化。人类吸收外界信息最主要的途径是听和看。同样，智能设备也可以“听”懂人类的讲话，并且给予相应的回复；同时它还可以通过视觉对人进行人脸识别等操作，极大地提高需要人类身份验证相关领域的工作效率。截至 2022 年底，许多行业都结合了人工智能技术，不同程度地使用到了语音和视觉识别的功能，并且这些应用还在持续向纵深拓展。

第三个阶段就是认知水平的智能化。智能设备可以像人一样主动思考问题，并给予正确的回复和反馈，甚至有自己的判断决定，这个时候的机器人可以替代大部分的人类工作。

目前，人工智能的发展和应用主要处于第二个阶段。语音识别和视觉识别与行业相结合的应用越来越多，2022 年 11 月美国人工智能研究实验室发布的生成型预训练变换模型（ChatGPT）技术更是给人工智能的发展和应用提供了无限的可能。按照这样的发展进程，相信在不久的将来，会看到更多的智能体为人类提供更优质的服务。

2. 深度学习、机器学习与人工智能

人工智能是赋予智能设备以人类的理解能力与逻辑思维的一门学科。在众多人工智能算法中，机器学习是非常典型的一个分支，其基本思想是让机器自动对大量数据进行学习并总结出规律，然后利用该规律对未知的数据做出判断或预测。而在众多机器学习的算法中，深度学习又特指利用深度神经网络的结构完成模型训练和结果预测的一种算法。如果把人工智能比喻成人类的大脑，机器学习则是人类通过大量数据来认知学习的过程，而深度学习则是学习过程中非常高效的一种算法，也是目前人工智能迎来第三次浪潮的核心关键。深度学习和人工智能的关系如图 3-7 所示。

机器学习是实现人工智能的重要途径，也是最早发展起来的一类人工智能算法。与传统的基于规则设计的智能算法不同，机器学习的关键在于从大量的数据中找出规律，自动地推演出算法模型所需的参数。早期的机器学习见于 1783 年的贝叶斯定理，贝叶斯定理是机器学习的一种，它可以根据类似事件的历史数据规律推算出同类事件未来发生的可能性。

早在 1997 年，IBM 开发的深蓝（DeepBlue）象棋电脑程序就击败了世界冠军。当然，最令人振奋的成就还当属 2016 年打败李世石的 AlphaGo。

机器学习算法中最重要的就是数据，根据使用的数据形式，可以分为三大类：监督学习、无监督学习与强化学习，如图 3-8 所示。

监督学习：包括训练和预测两个阶段。在训

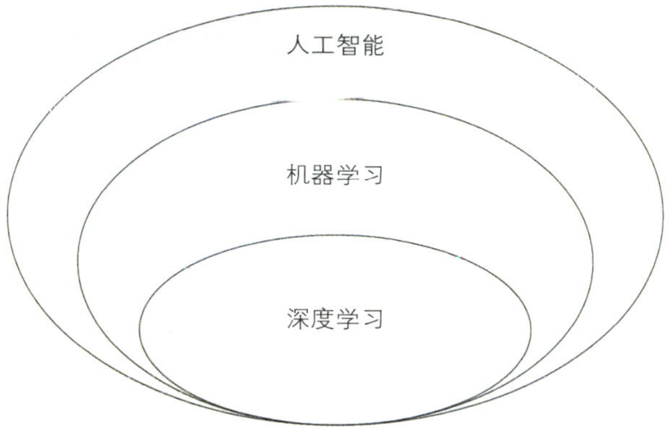

图 3-7　人工智能、机器学习和深度学习关系图

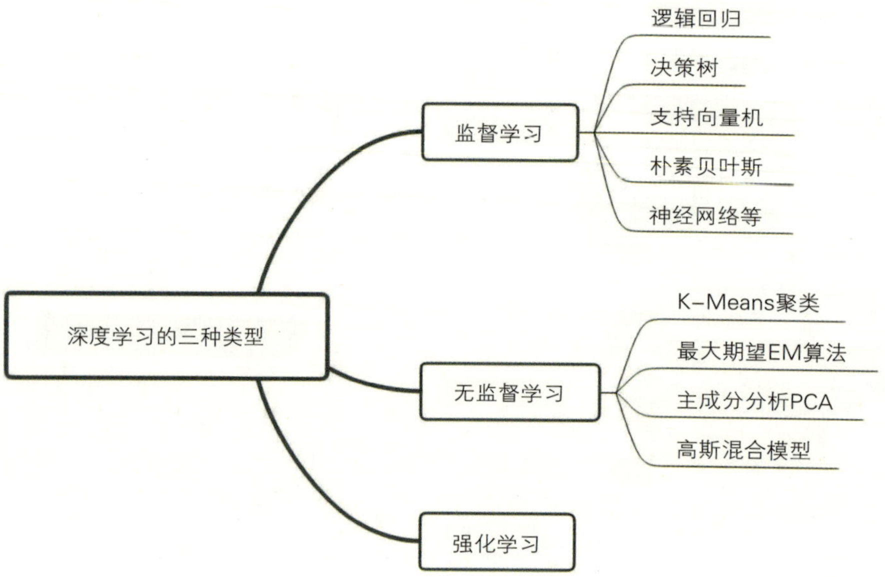

图 3-8　机器学习的三种类型

练阶段，模型通过使用带有人工标注标签的数据进行学习和调整参数，以使其能够理解输入特征与对应输出之间的关系。在预测阶段，训练好的模型可以根据新的输入数据进行预测并输出相应的结果。监督学习通常分为分类与回归两个问题，常见算法有决策树（Decision Tree，DT）、支持向量机（Support Vector Machine，SVM）和神经网络等。

无监督学习：它是一种机器学习方法，主要用于处理没有标签信息的数据。在无监督学习中，模型需要自行发现数据中的结构、模式和关联，而不是依赖于预先定义的标签。常见的算法有 K-Means、主成分分析（Principall Component Analysis，PCA）等。

强化学习：让模型在一定的环境中学习，每次行动会有对应的奖励，目标是使奖励最大化。在强化学习中，模型被称为智能体（Agent），环境提供状态（State）和奖励（Reward），并接收智能体的动作（Action）。智能体需要通过观察当前状态、选择适当动作来与环境交互，并从环境中获得奖励信号作为反馈，不断优化自己的策略或价值函数。

3. 深度学习

深度学习（Deep Learn）是机器学习的一个主要分支，它通过搭建多层的神经网络模型来进行学习和推理。由于深度神经网络的输入数据具有规模大、维度高、类型复杂多样等特点，虽然这种算法已问世多年，但由于模型训练所需的数据量不足，硬件计算能力又无法跟上训练的需要，导致深度学习算法并未得到广泛应用。但随着近十多年来计算机技术、微电子技术及物联网技术的发展，物联网和大数据技术为深度学习提供了所需的各种“燃料”，图形处理器（GPU）等硬件性能的提升为算法模型的训练提供了更强的“内燃机”，直接导致深度学习成为近十年人工智能技术发展的核心动力。

那到底什么是深度学习算法呢？

算法是计算机领域的专用术语，它是被设计给计算机，用于解决某个问题的计算方法或计算程序，它可以根据给定的输入条件，经过指定的数据运算或逻辑推理，得到确定结果的一系列过程。深度学习算法是一种以深度神经网络为基础的智能算法。在 IT 领域，算法通常体现为程序代码，可以把它认为是函数的另一种表现形式。那函数又是什么呢？抛开定义，函数其实是一种用数学方法去表述现实问题，从而对问题进行分析、观察和预测的一种方法。

根据世界货币基金组织的调查结果显示，截至2022年上半年，中国人口储蓄率高达36%，远高于世界24%的全球平均水平，也就是说，平均每个中国人可支配收入中有36%都被存起来当作积累资产了。如果用函数来表示，每个人每年可积累的财富y和每年可支配收入x之间的关系可以用以下函数来模拟表示，即：

$$y=0.36x$$

然而，这个函数把我们个人生活中的这个经济问题给简单化和理想化了，资产累计额只简单地跟可支配收入以及权威机构统计的平均比例挂钩，这并不能代表我们每人每年的可积累资产。事实上，我们每个人每年可积累资产的评估和计算是非常复杂的，粗略来看主要跟个人的收入和支出两大类因素有关。从收入来看，个人学历背景、从事的行业状况、所在平台规模、专业技能高低、个人学习能力、团队协作能力和沟通交流水平等都会对个人收入水平有非常大的影响。从支出上来看，其主要影响因素包括家庭消费习惯、地方消费水平、硬性债务如房贷、子女数量、原生家庭经济状况等。此外，如果需要对个人资产积累速度做更准确地估算的话，还需要考虑社会因素，包括社会经济状况、物价水平、经济发展周期和政治环境等。

算法模型如图3-9所示。可以看出，把可积累资产的计算简单地量化为与可支配收入成正比是有一定道理的；但具体到不同的地区、不同的家庭、不同的个人之后会发现计算的结果与实际状况偏差非常大，而且由于没有大量的数据作为参考，也没有合适的计算公式去拟合计算，导致过去很多类似的问题都未能得到有效的解决。

平常所讲的深度学习模型主要是指深度神经网络（DNN），是一种典型的多层无监督学习算法。从数学角度看，深度神经网络是一种函数的表达形式，是复杂的多层复合函数，对于复杂问题的处理尤其好用。但由于它有大量的可调参数需要学习训练，而训练数据的缺乏及硬件算力的限制，导致了它的发展停滞不前。近年来，随着互联网、物联网、大数据、云计算和并行计算GPU硬件的发展，使得运用大规模的神经网络来逼近和拟合解决复杂问题具备了基本条件。

对上述财富累积计算的例子而言，大数据时代背景下，网络上有了数以百万计、数以千万计的跟个人收入、支出相关的个人数据和社会、行业、职业等公共数据，深度学习模型通过云计算，调用这些海量数据对神经网络模型进行学习训练，从而可以找到一个合适的算法（带参函数）去拟合估算个体可累积资产的情况。从这个观点来看，神经网络本质上就是传统的逼近论中的逼近函数的一种推广。

截至2022年底，不同领域的研究工作者及产业界工作者已将深度神经网络应用到各行各业，而且提出了各种形式、各种结构的深度网络结构，在语音识别、机器视觉、生物特征识别等诸多领域取得了突破性的成果，并且这些成果伴随着各种智能产品走进了人们的生活。

但残酷的事实是，近几年流行的基于深度神

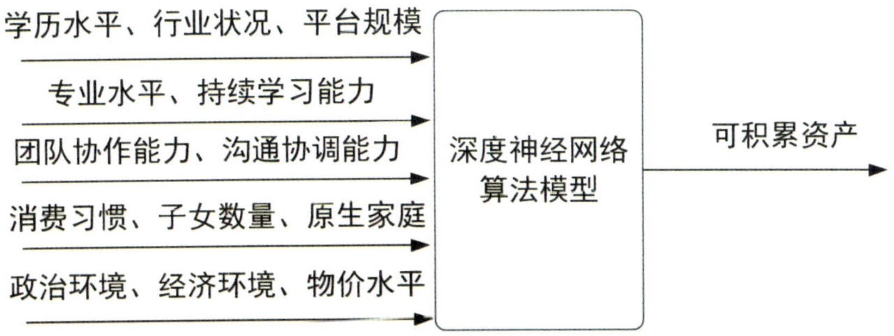

图3-9 可积累资产的算法模型示意图

经网络的深度学习仅仅是一种由数据驱动的算法模型，它可以通过大规模数据的拟合来实现模式识别、分类和预测，却并不存在分析、理解和思考等高阶智能。现有的技术和方法离真正的人工智能还非常遥远！

思维拓展

中国有句古语："养儿防老，积谷防饥"，原意是年轻时要养育子女以防年老后无依靠，丰收之年要囤积粮食以免饥荒之年没饭吃。由于华夏文明是典型的农耕文明，百姓种田主要靠天吃饭，而天有不测风云，不可能每年都风调雨顺。比如中国历史上每次异常气候都导致了非常严重的饥荒和战乱，有确切记载的包括：东汉末年由于饥荒导致的农民起义和势力割据；在唐末五代时全国气温骤降，气寒天气导致农作物大量减产，饥荒再引发战争，全国人口从唐末的六千万骤降到宋初的两千万；史料上有具体记载的严重饥荒不下 72 次，未计入史册的饥荒更是数不胜数。可以说，积谷防饥，丰年不忘饥年，是中国人经过数千年血泪教训的经验总结。

在农耕时代我们要"积谷防饥"，其实进入到工业时代、信息时代后我们更应该保持着这种居安思危、未雨绸缪的忧患意识。例如在金钱消费观念上，许多年轻人在社会资本的引导下通过透支信用超前消费，在一切安好的时候日子还能平静地过，可是一旦出现疾病、降薪甚至失业等跟钱相关的人生大事时，持有一定的积蓄显得尤为重要。那么，如果有积蓄的习惯，一个中国人一辈子能留下多少财富呢？或者说，每年能存下多少钱呢？

三、人工智能典型应用技术

智能产品与普通产品的最大区别就是它具备一定的智能，也就是通过算法把人工智能植入到产品当中，使产品能够模拟人类、代替人类甚至超越人类来完成指定工作。在实际应用中，人工智能在问题求解、目标识别和结果预测等方面的功能和性能已经可以替代甚至超越人类，其典型的应用技术包括语音识别、图像识别和指纹识别等。

（一）语音识别技术

1. 基本概念

语音识别技术（Auto Speech Recognize，ASR）是一门涉及多个学科的交叉领域。它结合了声学、语音学、语言学、信号处理、机器学习和人工智能等知识，旨在将人类的语音转化为可理解的文本形式。通过研究语音的声学特征、语音产生过程以及语言规律，语音识别系统能够分析和识别出不同语音单位（如音素、单词）并进行适当的转录。同时，它还需要考虑噪音环境、说话人变化及语调等因素对语音信号的影响，以提高准确性和适应性。这项技术的发展对于人机交互、自然语言处理和智能系统的进步都有着重要的作用。随着语音识别技术一步步的研究突破，它对计算机发展和社会生活的重要性日益凸显，对于智能产品而言，它改变了人与智能设备的交互方式，使得设备更加智能。相较于传统的键盘输入和触控屏交互，语音交互功能使用起来更加方便快捷，也更符合人类的日常习惯，因而它在各领域的应用相当广泛。

语音识别技术应用可以分为两个方向，一个是基于嵌入式系统的小型语音识别应用。这种应用常见于智能手机、智能音箱和其他便携设备中。通过在本地设备上运行语音识别算法和模型，可以实现语音控制、语音助手和语音搜索等功能，而无需依赖云服务器进行处理。这种嵌入式语音识别技术可以提供实时性能和隐私保护，并且在离线环境中也能正常工作。它使得语音交互更加便捷，并为用户提供了更高的隐私控制权。另一个重要的发展方向是小型化、便携式语音产品的应用，如智能设备的语音控制、智能玩具、家具遥控等方面的应用，这些应用系统大都需要专门的硬件系统实现，特别是近几年迅速发展起来的语音信号处理专用芯片和语音识别片上系统的出现，这也是产品设计人员需要着重关注的应用方向。

2. 基本原理

语音识别系统属于模式识别系统的一种，其工作过程流程包括预处理、特征提取、模式匹配、参考模式库等基本单元，其基本过程如图 3-10 所示。

未知语音经过麦克风变换成电信号后作为语音识别系统的输入信息，首先对语音信号进行预处理，再进行语音特征分析，提取语音特点并建立语音模型，将需要识别的所有语音特征信息模型存放起来形成参考模型库。在系统进行语音识别时，提取需要识别对象的语音特征，并将该特征与语音参考模型库中的信息模型进行比较，根据一定的搜索和匹配策略找出相近的语音参考模型，若该参考模型存在且相似度达到预定值，则认为语音识别结果成功，并输出对应的结果。

在进行语音交互类智能产品的设计时，通常会需要使用语音识别模块来构建硬件电路，实现语音交互的目的。如科大讯飞研发的语音识别芯片 LD3320，它是一枚基于非特定人语音识别技术的语音识别 / 声控芯片。该芯片主要有以下特色功能：

（1）用户无需事先训练和录音，能快速完成非特定人语音识别，识别准确率高达 95%。

（2）无需额外接任何辅助的闪存（Flash）、RAM 和 AD 等芯片，就可以直接完成语音识别功能，真正提供了单芯片语音识别解决方案，能有效降低系统成本。

（3）单次识别 50 项候选识别句，每个识别句可以是单字、词组或短句，以及长度为不超过 10 个的汉字或者 79 个字节以内的拼音串。同时，识别句内容可以动态修改，一个系统可以支持多种应用场景。

（4）芯片内部集成了 16 位 A/D 转换器、16 位 D/A 转换器和功放电路，外接的麦克风、立体声耳机和单声道喇叭可以直接和芯片管脚连接使用。立体声耳机接口的输出功率为 20mW，喇叭接口的输出功率为 550mW，能满足大部分使用需求。

（5）自带休眠状态。可以通过管脚信号直接激活，在降低设备功耗方面有明显优势。

（6）可直接播放 MP3 格式的声音文件。主控芯片将 MP3 数据依次送入 LD3320 芯片内部就可以从芯片相应引脚输出声音。可以选择从立体声耳机或者单声道喇叭获得声音输出。支持 MPEG1(ISO/IEC11172-3)，MPEG2(ISO/IEC13818-3) 和 MPEG 2.5 layer 3 等格式。

（7）芯片工作电压为 3.3V，在便携式智能产品中，可用 3 节 5 号电池作为供电电源。

3. 常见应用领域

语言交流是人与人之间最舒服、最有效的沟通交流方式，语音识别技术就是让人与机器之间也能实现简单高效的信息传递。在语音输入控制系统中，它使得人们可以抛开键盘，通过识别用户语音指令中的要求、请求、命令或者询问来做出正确的

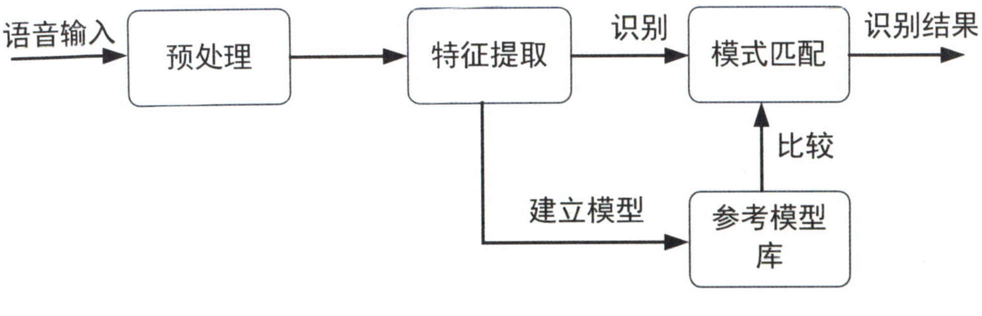

图 3-10　语音识别系统基本过程

回应，这样既可以解决键盘输入速度慢且容易发生错误的问题，又有利于缩短系统的反应时间，使人机交互变得更便利，真正地带领人们进入智能化时代。

（1）日常生活

目前，语音识别技术已经应用于日常生活的方方面面。如手机中常用的语音输入法、语音助手、语音检索等相关软件应用；各种智能机器人、智能音响和智能车载终端的语音交互功能也越来越常见，它们的核心技术之一就是语音识别。许多传统的行业中，原有的使用习惯和操作方式也正在被语音识别技术颠覆，如医院里使用语音进行电子病历录入，法庭的庭审现场通过语音识别分担书记员的工作，大型会议现场使用语音助手进行现场翻译和记录工作，还有影视字幕制作、呼叫中心录音质检、听录速记等行业需求也都可以通过语音识别技术来实现。此外，语音识别技术还可以应用于口语同声直译，即把口语识别技术、机器翻译、语音合成等技术相结合，将一种音频语言转换成另一种音频语言，解决跨种族语言的交流障碍，典型产品如图 3-11 所示。事实上，许多出国旅行的人都会携带一款这样的智能翻译设备，甚至有些手机软件就能完成这样的功能，极大地便利了人们的生活。

（2）智能家居领域

在智能家居领域中，智能音响、家居服务机器人、智能电视、智能灯饰和智能马桶等智能化产品都成为现阶段搭载语音识别技术和自然语言处理技术的载体。

以智能 AI 语音音箱为例，该音箱的外形和主要功能如图 3-12 所示。该语音音箱内置物联网系统和红外发射功能，采用君正 X1800 应用处理器，继承内部双倍数据率随机存储器（DDR）和数字信号处理器（DSP），具有高性能、低功耗和超低成本的特点。在度秘操作系统（DuerOS）强大后台支持下，实现全网中文数据内容搜索，满足 5m 远场语音交互和多轮对话需求，是业界最完整的中文语音交互解决方案之一。

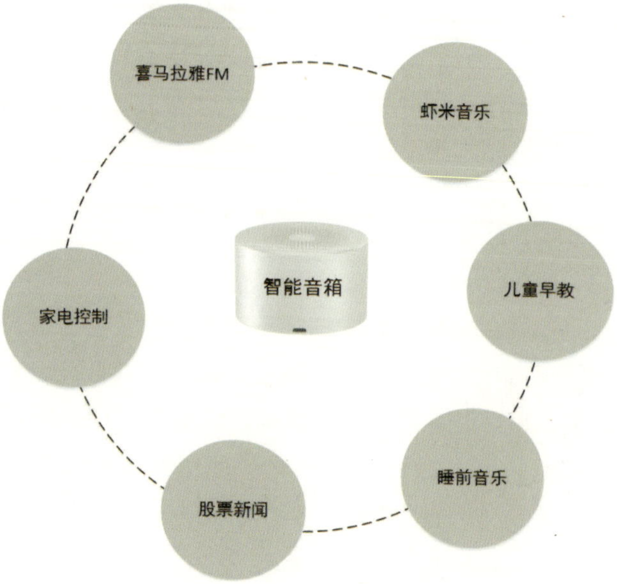

图 3-12　智能音箱及其主要功能示意图

图 3-11　富兰克林 is7a 语音输入翻译机

语音音箱能够通过语音控制家中所有的智能家电，包括空调、电视、插座、窗帘、加湿器和灯具等。可以预订收听新闻、股票等资讯，通过语音搜索虾米音乐、喜马拉雅 FM 等平台的内容并进行播放，还能查询天气、时间等各种日常生活所需要的信息。

家居服务机器人也类似，人们只需要通过语音口令，就可以快速控制家电。如用户对着服务机器人说话，服务机器人即可智能辨识语音内容并给空调发出指令实现自动开关机、调温，以及开启省电、自清扫、换气和除甲醛等各类特殊模式；或给电视发出语音指令，可以实现开关电视、换台、调节亮度、音量、进度条、播放指定节目等。家居服务机器人除了可以控制家电之外，还可以提供日常安保、互动陪伴、唱歌聊天、网上购物、医生预约等定制服务。

（二）人脸识别技术

1. 简介

人脸识别技术是一种基于人脸特征进行身份认证的生物识别技术。通过摄像机或摄像头采集到的含有人脸的图像或视频流，系统自动检测和跟踪人脸，并对检测到的人脸进行面部特征识别，从而实现身份认证的目的。简单来说，人脸识别技术让智能设备具有了“认出你是谁”的能力。

人脸与人体的指纹、虹膜一样，具有唯一性和不易复制性，这些特征为身份鉴别提供了必要的基础。人脸识别技术利用计算机视觉和模式识别的方法，通过对人脸图像特征的提取和对比，实现对个体身份的识别和验证。人脸识别系统将提取的人脸图像的特征数据与数据库中存储的特征模板进行搜索匹配，当两者相似度超过事先设定好的阈值时，则认为人脸比对成功，身份验证通过；否则就认为人脸识别失败，未通过身份验证。相比其他生物识别技术，人脸识别具有无接触、非侵入性的优势，故迅速在安全、监控、身份认证等应用领域得到推广。

近年来，人脸识别相关技术日趋成熟，越来越多的领域开始使用人脸识别技术进行考勤管理和安全管控。如门禁系统中集成人脸识别考勤系统，配以活体检测技术，通过抬头、低头或念一串文字等面部动作，来判断检测对象是否为活体参加打卡签到。因此，普通人根本无法通过照片、面具等工具来欺骗系统“蒙混打卡”。另外，在社会公共安全防范、刑侦、网络安全和金融安全等诸多领域，动态人脸识别技术也发挥着不可替代的作用。

2. 基本原理

人脸识别系统主要由四部分组成，即人脸图像采集及检测、人脸图像预处理、人脸图像特征提取及人脸图像匹配与识别，如图 3-13 所示。

（1）人脸图像采集及检测

设备可以通过摄像镜头采集不同类型的人脸图像，包括静态图像和动态图像，以及在不同位置、不同表情下的人脸图像。当用户在采集设备的拍摄范围内时，设备会自动搜索并拍摄用户的人脸图像。

人脸检测是在人脸图像中准确地标定出人脸的位置和区域，从而过滤掉图像中跟人脸识别无关的干扰信息。人脸图像包含了丰富的模式特征，例如直方图特征、颜色特征、模板特征、结构特征及哈尔（Haar）特征等。人脸检测就是要从人脸图像中把有用的人脸信息提取出来，为后续的人脸识别等

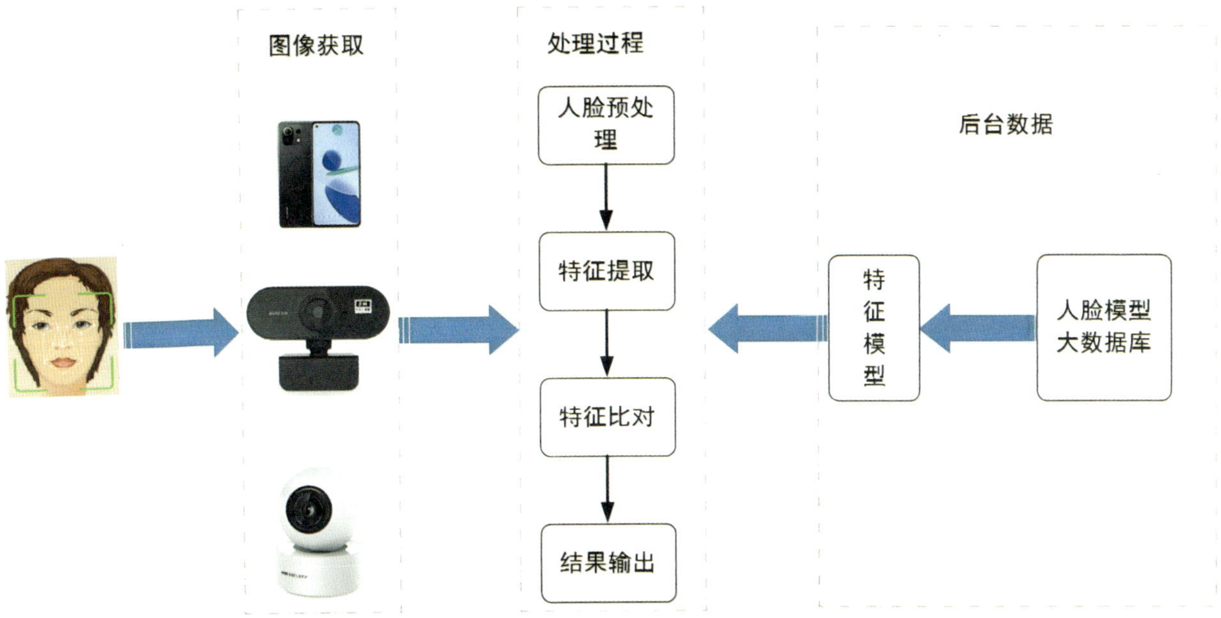

图 3-13　人脸识别系统组成示意图

任务提供准备。在人脸检测中，通常会关注三个指标：检测率、漏检率和误检率。检测率指的是成功检测到人脸的比例，漏检率是未能正确地检测到人脸的比例，而误检率是错误地将非人脸区域误判为人脸的比例。因此，在人脸检测环节中，我们应致力于提高检测率，降低漏检率和误检率，以确保准确有效地检测出人脸图像中的有用信息。

（2）人脸图像预处理

图像预处理是在上一步人脸检测结果的基础上，对人脸区域图像进行处理并最终服务于特征提取的过程。由于摄像头获取的原始图像容易受到光线、灰尘等各种条件的限制或随机因素干扰，往往无法直接进行后续处理，因此，必须在前期对它进行灰度校正、噪声过滤等图像预处理。对于人脸图像识别而言，其预处理过程主要包括人脸图像的光线补偿、灰度变换、直方图均衡化、归一化、几何校正、滤波及锐化等环节。

（3）人脸图像特征提取

人脸识别过程中使用的人脸特征通常分为像素统计特征、人脸图像变换系数特征、视觉特征、人脸图像代数特征等。人脸特征提取过程也被称作人脸表征，它是对人脸进行特征建模的过程。

人脸特征提取的方法有很多，目前最常用方法为基于知识表征的人脸识别方法，这种方法主要是根据人脸器官的大小、形状及它们各关键点之间的距离特性来获得有助于区分人脸的特征数据，这种方法的特征参数通常包括特征点之间的欧式距离、曲率和角度等。人脸区域由眼睛、鼻子、嘴巴和下巴等五官构成，我们常把这些局部器官和它们之间结构关系的几何描述作为识别人脸的重要特征，这些特征被称为几何特征，基于 Dlib 库提取人脸几何特征标注的 0—67 个特征点如图 3-14 所示。

（4）人脸图像匹配与识别

在本环节中，首先设定一个阈值，再将上一步提取的人脸图像的特征数据与数据库中存储的特征模板进行搜索匹配，当两者匹配的相似度超过这个阈值时，则认为身份比对成功，把匹配结果进行输出。简言之，人脸识别就是将待识别的人脸特征与已保存的人脸特征模板进行比较，根据相似程度对人脸的身份信息进行判断。这一过程又分为两大类：一类是确认用户身份，是一对一进行图像比较的过程；另一类是辨认，是一对多进行图像匹配对比的过程。

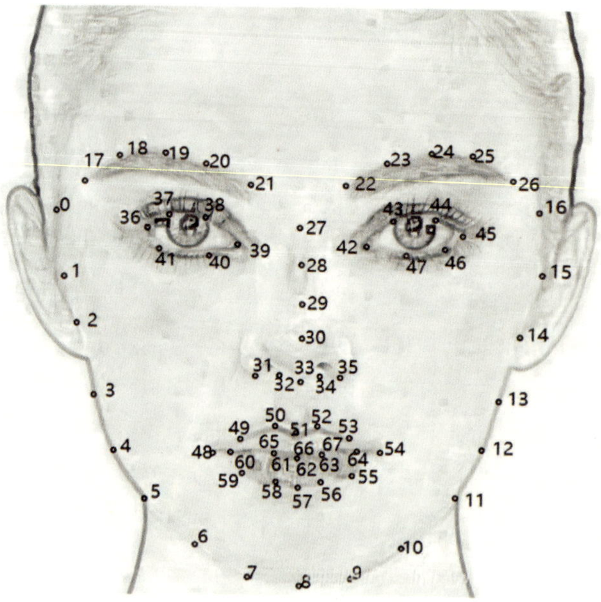

图 3-14　基于 Dlib 库的人脸识别标注的 68 个特征点

3. 主要应用领域

人脸识别技术在智能产品中应用非常广泛，常见的应用包括以下几种：

（1）智慧出行

人脸识别技术在交通出行的管理中有广泛应用，例如在高铁、机场和地铁等交通枢纽的出入管控中，由于这些地方人流数量大、通行人口密集度高，应用人脸识别闸机能够更好地协助管理方加强对旅客的进出站管控。同时，借助公安部门在逃犯罪人员的人脸库数据，交通枢纽的人脸识别设备还能快速锁定在逃嫌疑犯及不法分子，提高车站安全和社会治安水平。

（2）物业通勤管理

大部分小区或写字楼都无法做到全封闭式管理，但得益于人脸识别系统，物业管理人员能够实现将小区或写字楼内常住人员的人脸特征和身份信息进行录入，在日常进出时，人脸识别系统能自动识别已注册登记的内部人员和外来陌生人员，对内部人员直接自动放行，外来人员要做身份登记才能通行，有效减轻管理人员工作量的同时还能保障小区和写字楼的环境安全。

（3）工地智能化管理

由于建筑工地的作业环境和施工过程存在一定的风险，通常需要对工地进出人员进行管控，借助人脸识别系统就可以实现工地出入的智能化管理。使用人脸识别系统与管理方联动，可实现人员身份进出控制及身份记录、实时显示工地内人员工种及数量、员工考勤、访客登记、陌生人提醒、日常数据统计和查询等功能。

（4）校园安全管理

校园安全问题一直是社会各界关注的焦点，很多中小学校园、图书馆及宿舍等场合均采用智慧校园人脸识别闸机系统，人脸识别闸机系统在方便校内师生正常通行的同时还能有效控制外来人员的出入。在部分校园管控平台中，学生未正常通过人脸识别闸机进出校门时，系统可以自动发送信息至老师或家长手机，让家长能及时知道孩子的动态，为校园安全提供有力保障。

（5）网络应用中的身份识别

在电子政务、电子商务和数字金融系统等应用中，往往需要对用户身份进行识别。例如，当系统判定用户存在刷卡风险时，可以利用人脸识别进一步确认用户身份，再使用信用卡网络支付，以防止信用卡被非法盗刷。电子政务中的用户登录、业务申请及业务审批等许多功能都需要用户本人的人脸识别结果作为授权。在大部分应用场景中，用户身份的确认和授权都是靠输入密码来实现的，一旦用户密码遗忘或被盗，不仅造成用户不便，更有可能造成无法挽回的各种损失。如果使用人脸识别等生物特征作为用户验证手段，就可以做到使用者在网上的数字身份和用户真实身份统一，从而大大增加数字金融、电子商务和电子政务系统的便捷性和可靠性。

（三）指纹识别

1. 简介

指纹是指人的手指末端正面皮肤上凹凸不平产生的纹线。纹线的起点、终点、棒形线、点形线、分歧线、结合线、钩形线、眼形线和桥形线等，称作指纹的细节特征点。这些特征点提供了指纹唯一的确认信息，在指纹检验中又称它们为起点、终点、分歧、结合、小棒、小点、小钩、小眼、小桥等细节特征，如图 3-15 所示。指纹细节特征的参数又包括它们各自的方向（节点可以朝着一定的方向）、曲率（描述纹路方向改变的速度）、位置（通过相对坐标或绝对坐标来描述）等，这些特征信息就是指纹识别的基础。

图中这 9 种指纹细节特征一般是按照顺时针流向来分辨的，按顺时针流向的一条乳突线的发端处称为起点；按顺时针流向一条乳突纹线的终止处称为终点；沿顺时针流向一条乳突纹线分叉为两条或两条以上的乳突纹线，其分叉处称为分歧点；沿顺时针流向，两条乳突纹线合并成一条处称为结合点；一条乳突纹线与一条短的乳突纹线形成的分歧线或结合线称为小钩；一条乳突纹线分歧而后又结合所形成的眼形结构称为小眼；两条乳突纹线之间由一条斜行的短线相连接所形成小桥状的结构称为小桥；独立的一条短小直形的乳突纹线称为小棒；长度在 1 毫米之内的短小乳突线称为小点。

在指纹识别中，上述 9 种细节特征都经常会用到，但由于起点、终点、分歧和结合等特征出现的概率高，在指纹识别中这些特征的分辨作用较低；

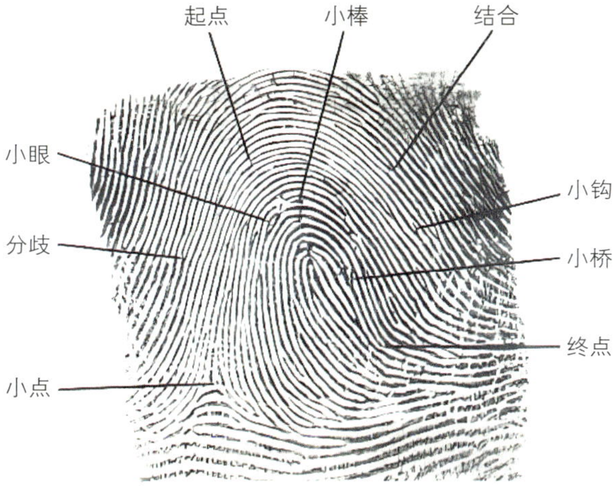

图 3-15　指纹的特征点

图 3-16　指纹的三大纹形

而小钩、小眼、小桥、小棒和小点等特征的出现概率相对较低，所以这些特征在指纹识别中具有很高的辨别意义。

指纹专家在长期实践的基础上，根据纹线的走向和分布情况，一般将指纹的纹形分为箕形纹、弓形纹和斗形纹，如图 3-16 所示。指纹上包含了总体特征的区域叫模式区，指纹识别算法通过使用模式区的数据分析指纹的特征信息，并辨别指纹的身份信息。指纹识别作为生物特征识别的一种，在身份识别上有着其他手段不可比拟的优越性，这是因为人的指纹具有唯一性和稳定性的特点。随着指纹传感器性能的提高和成本价格的降低，指纹识别技术已逐渐走入日常生活，广泛应用在各种智能产品中。

2. 基本原理

指纹识别是通过比较不同指纹的细节特征来进行人的身份鉴别的。指纹识别技术涉及图像处理、模式识别、计算机视觉、数学形态学和小波分析等众多学科。由于每个人的指纹不同，就算同一个人每次按手印的方位和着力点也不完全一样，同时还存在大量模糊指纹，所以如何正确提取指纹特征、实现正确匹配是指纹识别技术的关键。

指纹识别技术首先要通过指纹传感器获取指纹信息，然后通过编写好的计算机程序提取指纹的特征数据，再与后台数据库中的指纹模型进行匹配，最终得到识别结果进行输出，指纹识别技术的基本原理框图如图 3-17 所示。一次指纹识别过程包括指纹采集、图像预处理、特征数据提取、特征匹配与结果输出等过程，以手机指纹解锁功能为例，其整个指纹识别功能的工作流程大致如下。

（1）指纹采集

用户拿到有指纹解锁功能的新手机时都会先开始录入指纹，这个时候手机就会采集并存储用户的指纹信息。在采集方式上主要有滑动式和按压式。滑动式虽然成本低，但实际使用过程中由于手指移动速度等原因导致采集成功率并不高，需要连续且

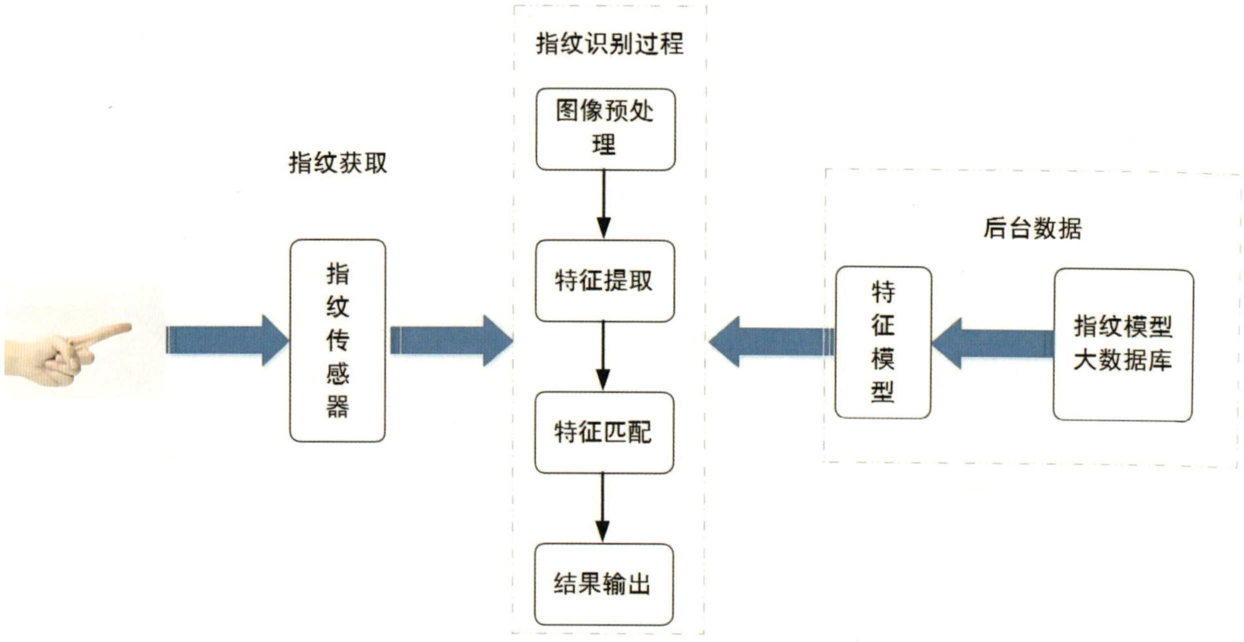

图 3-17　指纹识别的基本原理框图

规范的滑动动作才能提高采集成功率，所以最常见的采集方式还是按压式。按压式就是在传感器上多次按压手指解锁部位，通过拼凑，拼出大面积的指纹图案。

（2）图像预处理

手机获取到指纹图片后，首先需要对原始指纹图片进行图像预处理，预处理过程包括指纹区域滤波、图像增强、指纹图像二值化和细化等步骤。图像预处理的目的是对包含各种噪声点及伪特征的指纹图像采用一定的算法加以处理，如去除毛刺、断裂等干扰，改善指纹图像质量，使其纹路结构更加清晰，特征细节更加突出，提高特征提取的准确性。

（3）特征数据提取

手机获得清晰的图像后就可以提取指纹特征了，需要提取的细节特征主要包括纹线的起点、终点、分歧、结合、小棒、小点、小钩、小眼、小桥等信息，以及这些信息对应的坐标、方向、曲率等细节参数。但是预处理后的图像中往往会存在一些伪特征点，它们会影响指纹识别性能，导致误拒率和误识率上升，因此在该阶段还需要设计算法去除图像中的伪特征点，伪特征点去除后就可以将提取的指纹特征数据储存下来与数据库中的指纹模型进行匹配。

（4）特征匹配与结果输出

指纹图像特征点匹配是用现场采集的指纹特征与用户指纹库中保存的指纹特征进行比较，判断是否属于同一纹路。在具体应用中，为了提升算法效率，通常会把匹配过程分成粗匹配和精确匹配两个步骤。先根据指纹的纹形从指纹库中进行粗匹配，进而根据粗匹配的结果决定是否需要利用细节特征进行精确匹配。进行精确匹配，需给出两个指纹的相似性得分，若得分超过设定的阈值，则认为指纹匹配成功，解锁手机屏幕。特征匹配是识别系统的关键环节，特征匹配算法的好坏直接影响着识别的性能、速度和效率。

3. 主要应用现状

指纹识别技术是生物特征识别的典型应用技术，同时也是最简便、最实用、最成熟的身份识别方式之一，常常应用于锁具、考勤、门禁、计算机、手机、银行支付与保险柜等领域。随着指纹识别技术日趋成熟，技术成本也越来越低，指纹识别技术在不同领域也得到了广泛应用。

（1）企业考勤仍占主导

指纹识别技术在企业员工考勤系统中的应用，能够有效解决传统打卡钟、IC 卡考勤方式存在的代打卡问题，提高考勤信息的真实性和有效性，实现公开、公平和公正的考勤管理。这种基于指纹识别的考勤系统使用方便、稳定可靠且成本较低，因此成为许多中小企业首选的考勤方式。具备指纹识别功能的考勤产品在中国市场上销售数量占据了整体生物识别产品销量的 40% 以上，成为企业考勤产品的首选。使用指纹识别打卡，能够有效提高考勤效率、降低管理成本，进一步提升企业的现代化管理水平。

（2）指纹锁市场发展迅猛

把指纹识别技术与传统的门锁相结合，是指纹识别技术从专业市场走向民用市场的不二之选。指纹锁产品的出现宣告了新一代门锁时代的来临，它的出现改变了以前居民携带钥匙的习惯，同时推动了移动支付方式的盛行，以前的“出门三件套：手机、钥匙和钱包”现在变成了出门带个手机就行了。指纹锁的便捷、安全、低成本的特性使它具有非常乐观的市场前景，“防盗门＋指纹锁”的组合大大提升了家居安全性。

（3）其他应用领域

除了在企业考勤和指纹锁外，指纹识别技术在刑事侦查、司法鉴定和金融支付等大型的公共项目中也有着非常广泛的应用。除此之外，指纹识别技术还被创新应用到护照、签证、身份证等重要管理系统中，承担着基于大规模数据库的自动身份识别功能。

第三节　智能产品和软件开发

一、程序和编程知识

（一）什么是程序

程序是智能产品的软件部分，它是根据用户的功能需求按一定的规则和顺序执行的指令代码集合，在软件开发中，程序由数据结构和算法构成。如工厂里常说的作业程序，就是一套标准的操作流程，按照一定的规则和顺序完成对应的工作。在计算机世界中，所有的功能都是通过程序组合在一起来完成的。

例如，我们要实现如图 3-18 所示的用户登录功能，首先提醒用户选择登录方式，然后获取用户输入的用户名信息，再到数据库中查找匹配该用户信息是否存在，若存在则进一步获取用户密码，再次到数据库中查找匹配用户密码是否正确，若匹配成功则执行登录动作，否则依次提示用户名错误、密码错误等异常信息，这一整套流程对应的方法就是用户登录过程的算法。

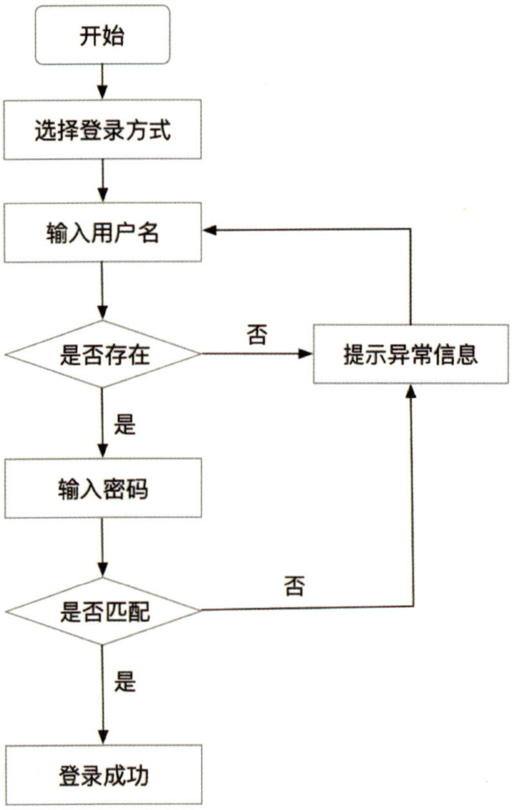

图 3-18　用户登录程序流程图

程序是一套指令集合，也就是工程师所说的代码，它可以是很简单的过程，也可以是非常复杂的过程。在智能产品中，产品的智能功能最终都需要通过程序来实现，不管是简单实现一个用户界面登录功能，还是调用 AI 算法做一个智能判断，都需要通过各种编程语言将算法表达出来形成程序，并将程序交给 CPU 执行处理。在编程过程中还经常用到函数，它是程序的最小执行单元，通常是指用于完成一项具体任务的独立模块，包含输入、输出和函数内部处理流程三部分。

（二）程序与产品功能的关系

程序是产品智能功能的一种实现形式，它是一系列数据结构和逻辑处理的集合。在产品技术开发过程中，工程师将不同的逻辑处理过程用程序的形式组合拼接起来，就构成了一个智能产品的各种功能。

对于用户来说，在使用产品时，产品中用到的各种功能，如用户输入、环境检测和显示输出等功能都是由一个个的程序片段组合而成的。

如图 3-19 所示，如果把产品的所有功能看成一个整体，那么这些功能要分成两部分支撑：第一部分是用户能看到的、能用到的业务逻辑和交互逻辑，如提供给用户使用的各种操作、使用流程和交互方式等；第二部分是实现业务逻辑和交互逻辑的

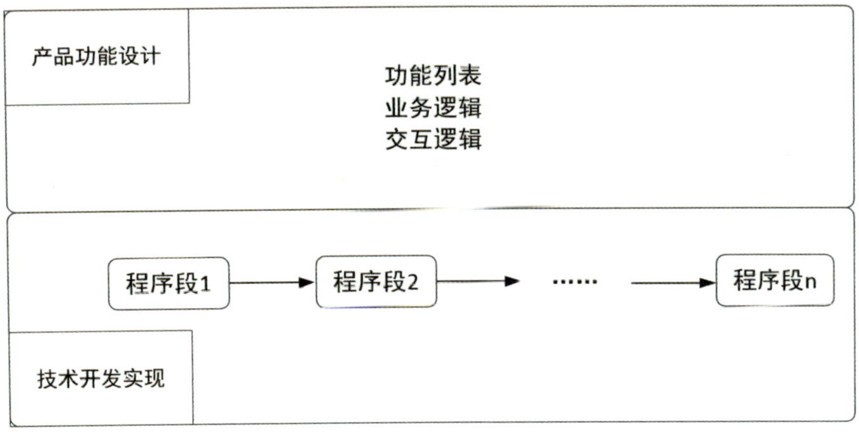

图 3-19　程序与产品功能之间的关系

程序，整个程序又由多个程序片段组合起来，不同的程序片段完成不同的工作，组合在一起相互协作就完成了一个完整的产品功能。

所以，作为产品设计人员，我们在进行智能产品设计时需要把整个产品完整的功能动作全部设计出来，然后交由工程师通过搭建硬件电路和编写一个个程序片段代码，并将这些程序片段组合成符合产品设计要求的产品功能呈现给用户。

（三）编程知识简介

对于产品设计师而言，具备一定的技术知识，不论是在与工程师工作中的配合，还是在对技术产品的理解上，都能起到非常大的帮助作用。工程师是一个理性与逻辑思维特性较强的群体，在沟通中设计师首先要做的就是能听懂工程师所说的话，听懂技术类产品开发过程中的专业术语。例如，当产品出现一个程序故障（BUG）时，工程师会本能地告诉设计人员，这个 BUG 是由程序中的数据处理没有判断导致的；当需要实现一个产品功能需求时，工程师会告诉产品设计师当前代码是如何实现该功能的，这个新需求可能会对现在的代码造成哪些影响。因此，掌握一定的编程知识，对了解技术产品和技术实现思维都有好处。

1. 主流编程语言介绍

所有智能产品都需要借助编程语言来开发实现。编程语言是软件工程师与计算机进行交互的指令集，在计算机中任何逻辑和表达都可以通过编程语言来实现。在产品技术开发过程中，产品所有功能都是通过编程语言由软件工程师一行一行写出来的。

对同一个产品的功能，我们可以用不同的编程语言实现，如可以用 Java 语言开发微信的服务端应用，也可以用 PHP 语言开发。具体选用哪种编程语言一般取决于系统架构师的综合衡量后的选择，系统架构师就是软件产品的技术总设计师，负责规划和选用技术实现方案，类似于建筑设计师的角色。不同的系统需要根据系统特性选用不同的编程语言来实现，例如，Linux 系统下的功能通常用 C 语言编程实现，安卓（Android）系统下的功能通常用 Java 来实现，苹果的移动操作系统 iOS 用基于 C++ 的 Objectiv-C 来进行技术开发。

通常来说，每一位软件工程师都会有自己擅长的编程语言，对于产品设计师来说，一定要能区分不同的编程语言，如果让一位只开发 Android 应用的软件工程师去改 iOS 应用的代码，或者让做客户端的软件工程师帮做服务器端的同事做开发，就容易闹笑话。当然，也有所谓的全栈工程师，精通多门技术、多种编程语言，可以跨领域工作。

全世界范围内的编程语言有很多种，而且随着技术的发展，编程语言种类会越来越多，原本的编程语言也在不断进化。下面是几种目前比较主流的编程语言：

首先是C语言，这门风靡全球的计算机编程语言广泛应用在世界各地的各种系统中，包括个人计算机、大型和超大型计算机、路由器及可编程的集成电路。C语言起源于20世纪70年代，它是操作系统UNIX和Linux的开发语言。C语言的出现开启了现代编程语言发展的序幕，后来的C++、Java等编程语言都是基于C语言发展而来的。

其次就是Java，Java语言也是如今的主流编程语言之一，以其跨平台、通用性和安全性的特点被广泛应用。Java是一门面向对象的语言，相对于C语言等面向过程的编程语言来说，Java的灵活性更高，同时其抽象现实世界的特点对程序设计人员的学习和理解也更有帮助。Java自问世后就被广泛应用，特别是早期的一些互联网应用系统，大多数都是采用Java开发的。很多大型计算机的系统软件、安卓软件及很多机顶盒软件都是基于Java开发的。Java有很多技术社区，加上其可以跨平台的应用特性，大到超级计算机，小到手机软件，都可以使用Java开发。

再次就是Python，它是一种跨平台的、开源的、免费的、简单易学的、解释型的高级编程语言，而且近几年发展势头非常迅猛，自2021年在TIOBE编程语言排行榜中晋升到第1名后，至今已成为最流行、应用最广泛的编程语言。它的应用领域非常广泛，在Web编程、图形处理、黑客编程、大数据处理、网络爬虫和科学计算等领域都能找到Python的身影。目前很多高校已经把Python当作大学生学习编程的入门编程语言。

另外，在Web开发领域，一门比较主流的编程语言就是PHP。这是一门开源脚本语言，脚本语言通常以文本形式被保存，只有在调用时进行解释和编译，相对于C语言或者Java语言来说，PHP更轻量化而且更灵活，PHP吸收了C语言和Java的特点，学习成本较低，主要应用于Web开发领域。此外，在Web开发领域还有一门比较主流的开发语言就是JavaScript，这是一门脚本开发语言，主要运行于浏览器中，可以为网页增加动态功能。JavaScript衍生出了很多应用场景，同时也具备跨平台的特点，可以在绝大多数浏览器下运行。

2. 编程语言中的数据类型

如果想要产品能够针对用户输入的信息或者周边环境信息的变化自行作出智能响应，就必须把输入信息或者周边环境信息以合适的形式传递给智能产品的“大脑”，这个形式就是信息的数据结构。智能产品的“大脑”在收到以合适的数据结构表示的数据后，就可以调用软件工程师写好的程序代码对数据作出处理、计算和分析决策等操作，这些程序代码的组织形式也叫程序结构。

数据类型是用来做计算机世界中区分和表达数据载体的规则，是一种对数据内容的约束。常用的数据结构包括以下几种：

（1）整型数据。整型是一种数字类型，所有不带小数点的数字都属于整型，在编程语言中，多用关键字int（integer的缩写）来表示整型。如智能体重秤中，“int SaveList = 3”表示定义了一个用于存放历史数据编号的变量SaveList，由于编号为整数，所以该变量必须定义为整型变量，并且在该变量中存放了整数3，也就是SaveList在此时代表第3个存放历史数据的编号，这个变量可以代表数字3直接参与各种整型数据类运算。

（2）浮点型数据。浮点型也是一种数字类型，与整型相比，浮点型都是带小数点的数据，在编程语言中通常用float或者double表示浮点型数据。如在智能体重秤中，我们会用到“float Weight = 60.0”相关语句，表示定义了一个用于存放体重数据的变量，由于体重有小数，所以这个变量必须用浮点型，里面的数据60.0表示体重刚好为60.0kg。此时，Weight可以直接代表体重60.0参与各种浮点型数据运算。

（3）字符型数据。字符型数据是一种文本类型，它存放的内容没有规则限制，可以是任何内容。在不同的编程语言中，表示字符型的关键字略有不同，如Java中用String表示，C语言中用char表示，Objective-C中用NSString表示字符型数据。例如，在使用智能电子秤产品时，打开电源开关后你可能会看到类似“欢迎使用XX智能家居产品！”之类的提示语，在程序代码中就必然有“String Welcome = ‘欢迎使用 XX 智能家居产品！’”相关的语句，先把欢迎标语当成字符串存放在变量 Welcome 中，然后开机时将这个变量的内容输出显示在屏幕上。

（4）布尔型数据。布尔型数据是一种特殊的数据类型，它只有两种值，即“True”和“False”。这种变量类型一般用来作为标记使用，用于反映现实世界或条件判断中的真假。在数字世界中，通常“True”对应的是数字 1，“False”对应的是数字 0。在编程语言中，一般用关键字“boolean”或者“bool”表示和声明布尔型数据。例如，在智能电子秤中，可以设计一个低电量警告提示功能，在程序代码中使用“bool LowBattery = False”语句，表示声明了一个名字为 LowBattery 的布尔变量，初始值为 False 表示默认情况下电量不低，即电量正常。随着电子秤使用时间变长，电量越来越低，当低于设备正常工作的临界点电压时，将该变量的值设置成 True，程序算法通过对这个变量值的判断结果决定输出电量警告提示。

3. 代码的组织形式：程序结构

智能产品在解决某个具体问题时，它内置的程序代码主要有三种组织结构，分别是顺序执行所有语句、选择执行部分语句和循环执行部分语句，这三种基本结构为顺序结构、选择结构和循环结构，如图 3-20 所示。

图 3-20（a）为顺序结构的流程图，它是所有程序结构的基础，这种结构的程序会被智能产品的“大脑”（CPU）按照编写顺序依次去执行。图 3-20（b）为选择结构的流程图，它主要是根据条件表达式判断结果的真假来选择执行不同的分支语句，常用在有两种以上输出结果时使用。图 3-20（c）为循环结构的流程图，它根据表达式的判断结果执行，判断结果为真时重复执行语句块，结果为假时则循环结束。在实际应用中，除了非常简单的问题外，多数情况下都需要综合这三种基本结构来组织程序代码，最终实现智能产品的功能。

二、数据和数据库

（一）什么是数据

设计师在设计一款产品的过程中免不了跟各种数据打交道。那什么是数据呢？根据维基百科，数据是泛指所有定性或者定量的描述；国际数据管理协会（DAMA）则认为，数据是以文本、数字、图形、图像、声音和视频等格式对客观事实的表现方式。这意味着，数据可以表现事实，但需要注意

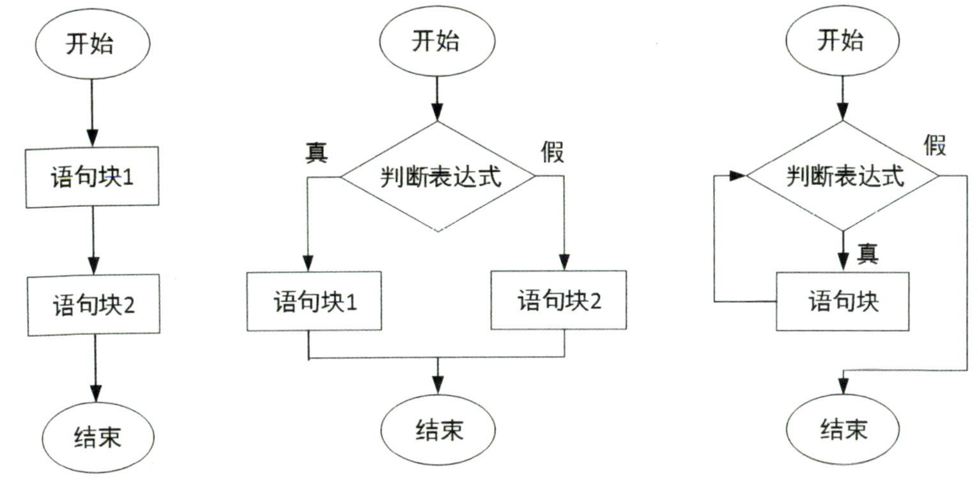

（a）顺序结构流程图　（b）选择结构流程图　（c）循环结构流程图

图 3-20　程序的三种基本结构

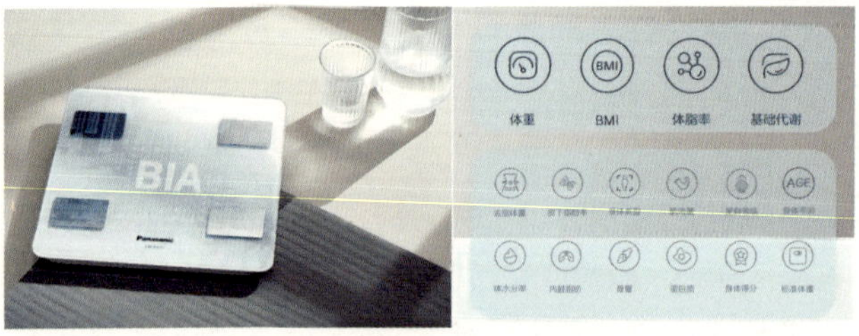

图 3-21　松下家用多功能体脂秤

的是，数据不等于事实，只有在特定的需求下，符合准确性、完整性、及时性等一系列特定要求的数据，才可以表现特定事实。

用户使用产品时会产生大量的数据，如果是内容型产品，产生的就是内容数据，例如文字、视频或音频等。如果是交易平台型产品，产生的就是用户行为数据和交易数据。根据不同的数据类型，可以进行大样本的数据分析，数据分析结果可以转化为商业决策的依据，从而迭代产生更大的商业价值。以图 3-21 所示的松下家用智能体脂秤为例，它涉及的身体综合指标非常多，包括体重、人体水分率、身体质量指数（BMI）、肌肉量、脂肪量、心率和基础代谢率等多项内容型指标数据，这些指标又要经历采集的原始数据、数据转换、数据处理和结果计算等一系列过程，每个环节又要产生大量的临时数据。除了产品内部数据外，由于该产品具有物联网功能，因此它还涉及联网数据、用户账户信息和用户历史数据等大量信息，这些信息既包含产品内容型数据，也包含一些用户信息数据和用户行为数据等。

为了数据管理的方便，我们通常会根据结构、格式等方面的差别，将数据分为结构化数据和非结构化数据。比如，数字就是结构化数据，而文本、图像、音频、视频等均属于非结构化数据。考虑到结构化数据和非结构化数据的差异性，我们在管理这两类数据时，也需要采取不同的管理方式。

（二）数据的存储和管理

智能产品在每天使用过程中都会产生大量的数据。例如，每一位用户每次使用智能体脂秤产生的各种记录，微信每天的聊天记录、搜索记录和浏览记录，使用淘宝、京东之类的购物记录等。为了用户后续使用的方便，也为了产品运营方的升级迭代和积累沉淀，产品运营方必须对数据进行收集、存储和管理。从数据存储的位置来看，通常可以分为本地存储和云存储两种形式。在互联网还没普及的时候，智能产品产生的各种数据通常采用本地存储方式。但随着互联网的普及，特别是近年来物联网、云计算等技术的飞速发展，大多数智能产品已通过物联网联入互联网，数据则主要通过网络存储在远程服务器上，即云服务器上。

对互联网公司而言，数据已成为互联网时代最重要的资产之一。例如，阿里巴巴拥有大量中小商家的企业信息和数以亿计的商品数据，合理使用这些数据可以产生巨大的商业价值。腾讯具备大量的用户关系数据，这种用户关系数据在线上构建了一个社交生态体系，使得跟 QQ、微信等软件关联的产品能够在极短时间内呈现爆发的态势，实际上这就是用户社交关系数据产生的价值。

数据库是运行在服务器中的，类似于一个进行数据存储的“仓库”，数据必须按照一定的规则进行存储。在产品使用过程中，产品中的程序代码可以借助相关指令对数据库中的数据进行增加、删除、修改和查找等操作，从而实现添加信息、删除信息、修改信息和检索信息等相关功能。

例如，我们要设计开发一款具有朋友圈信息搜集功能的软件产品，首先需要定义数据库的存储格式。朋友圈的信息主要包括发送者、图片、文字、时间和位置等内容，这些内容格式确定之后，就可以把这些存储格式“告诉”数据库，之后往数据库中存储朋友圈信息时按照这个格式存储即可。在产品的使用过程中，用户每次把朋友圈的内容保存起来中对应的是数据库的“增加”操作；发现保存的信息重复或无效时要删除对应的记录，对应的是数据库的“删除”操作；对之前已经收集的朋友圈信息进行修改或添加备注等，对应的是数据库的“修改”操作；想要从保存的数据中搜索信息，对应的是数据库的“查找”操作。

三、程序流程图及其画法

（一）程序流程图简介

程序流程图又称程序框图，是用统一规定的标准符号描述程序运行具体步骤的一种图形表示方法。程序流程图的设计是在处理流程图的基础上，通过对输入输出数据和处理过程进行详细分析，将计算机程序的主要运行步骤和内容标识出来。程序框图是进行程序设计的最基本依据，因此它的质量直接关系到程序设计的质量。

程序流程图是人们对解决问题的方法、思路或算法的一种描述，也是产品设计人员和技术开发人员进行功能沟通的重要手段。要注意的是，设计人员使用程序流程图主要用于表述功能实现流程和思路，具体算法流程图通常还得由专业技术人员绘制。

使用程序流程图有以下优点：

采用简单规范的符号，画法简单。结构清晰，逻辑性强。便于描述，容易理解。

（二）程序流程图的画法

1. 程序流程图的标准符号

简单清晰、统一规范的图形符号是程序流程图直观易懂的关键。如图 3-22 所示，程序流程图由开始 / 结束框、输入 / 输出框、处理框、判断框、流程线和注释框等基本图形符号构成，以这些标准图形符号为基础，再结合相应的算法就可以画出整个功能的程序流程图。

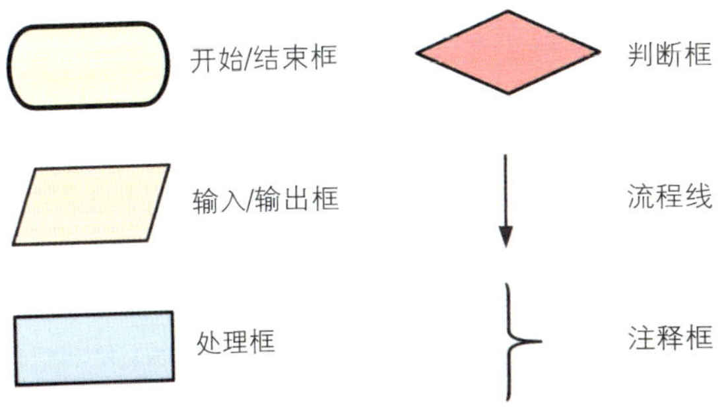

图 3-22 程序流程图的常用符号

其中，圆角矩形框代表一个程序流程图的开始或结束；平行四边形代表数据的用户输入或者输出；矩形处理框代表要执行的处理操作；菱形框通常用于程序中的逻辑判断，有一个入口两个出口，两个出口表示逻辑判断仅有的两种输出结果，不同的判断结果代表程序的不同执行方向；箭头（流程线）表示流程的路径和方向；注释框常用大括号表示，是为了对流程图中某些内容做必要的补充说明。

2. 流程图的常用绘制工具

在实际应用中，程序流程图既可以借助笔在纸面上绘制，也可以利用计算机软件来辅助绘制；前者常用于团队成员之间的交流和探讨，后者往往出现于正式的文档中。

能用于绘制程序流程图的软件非常多，基本上具有图形绘制功能的软件都可以画流程图，最常见的如 Microsoft Office 的 Word、Excel 和 WPS Office 中都带的程序流程图绘制工具，还有 Windows 系统自带的入门级画图软件，以及 Adobe Photoshop、Adobe Illustrator 和 CorelDRAW 等专业软件。

当然，术业有专攻，专业的流程图绘制软件有 Microsoft Office 中的 Visio、亿图图示（EdrawMax）和 ProcessOn。其中 Visio 功能最强，但只能在 Windows 上运行，免费使用时限制较多。EdrawMax 的中文名为亿图图示，人称“国产 Visio”，绘图能力与 Visio 相当，而且可以支持电脑、手机和平板等设备运行，有本地绘制和网页绘制两种形式，免费版也有一些功能限制。ProcessOn 是一款线上图形绘制软件，页面简洁，功能易懂易用，免费版有少量功能限制，但该软件目前没有单机软件，只能联网使用，适用于需要少量绘制程序流程图的情况，其线上操作页面如图 3-23 所示。

（三）举例

在厨房灶台忙碌时身体和厨房的吊柜容易挡住头顶的灯光；打开衣柜时往往因光线不好需要花

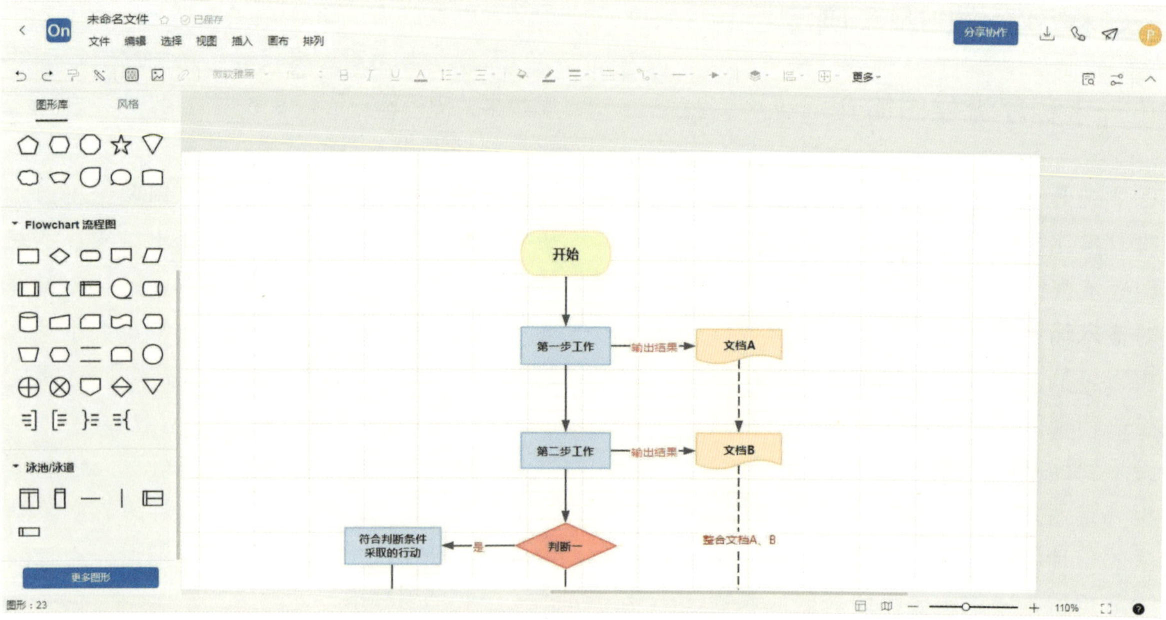

图 3-23　线上图形绘制软件 ProcessOn 操作页面

大量时间找衣服，还容易把衣服弄乱；化妆镜前脸部光线不够……以上这些情形都可以通过一个如图 3-24 所示的智能补光灯解决。

该款智能补光灯的基本功能为：通过人体红外传感器感应用户的身体来判断是否有人，并通过光照传感器检测环境光线强度决定是否需要补光。当有人进入对应区域且环境光线不足时，亮灯 1 分钟后熄灭，否则直接不亮灯，一直循环到用户离开为止。将以上功能进行归纳整理，利用 ProcessOn 在线绘制的程序流程如图 3-25 所示。

图 3-24　人体感应式智能补光灯

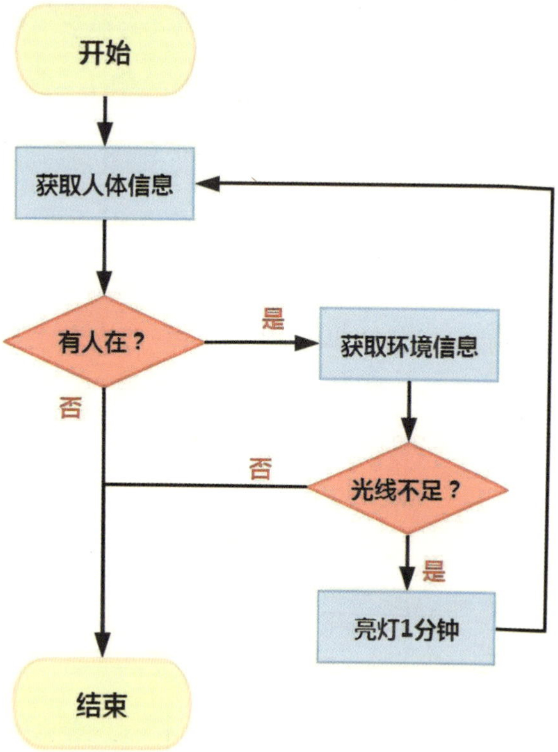

图 3-25　智能补光灯的主程序流程图

第四节 新一代信息技术背景下的智能产品架构

随着大数据、人工智能、云计算和物联网等新一代信息技术的发展，各种智能产品的系统构成框架与传统的单片机系统、嵌入式系统有了很大的不同。整个系统在原来的嵌入式系统基础上，融入了物联网、云计算、大数据和人工智能等多项高新技术，使智能产品的功能、性能和结构有了突破性的变化提升。其中，人工智能是实现智能化的主要技术，技术含量比较高；大数据和云计算是信息化普及应用的主要技术手段；而全球物联网（包括快速发展的 5G 移动通信技术）则是最具广泛性的基础应用和切入点，是大数据、云计算和人工智能得以进一步发展的应用基础。

四大技术的发展，正在逐步重构全球一体化的“计算”架构体系，相应地，也正在重构基于云计算、雾计算和边缘计算的全球网络结构。全球物联网的任何一个终端，包括人、机、物，都将成为这个全球计算架构体系的“分子”，而“计算”和“智能”将以“分子”为基础进行展开。在这个架构体系下，云计算、大数据和人工智能将无所不在，人、机、物都将接入物联网，全球任何有联网意义的产品和服务都具有信息感知、智能计算、自动识别和联网的功能，这也是在新一代信息技术背景下智能产品的新时代架构，整个框架如图 3-26 所示，整个智能产品系统除产品终端实体外，通常还包含物联网关、客户端、云服务器端等几个部分。

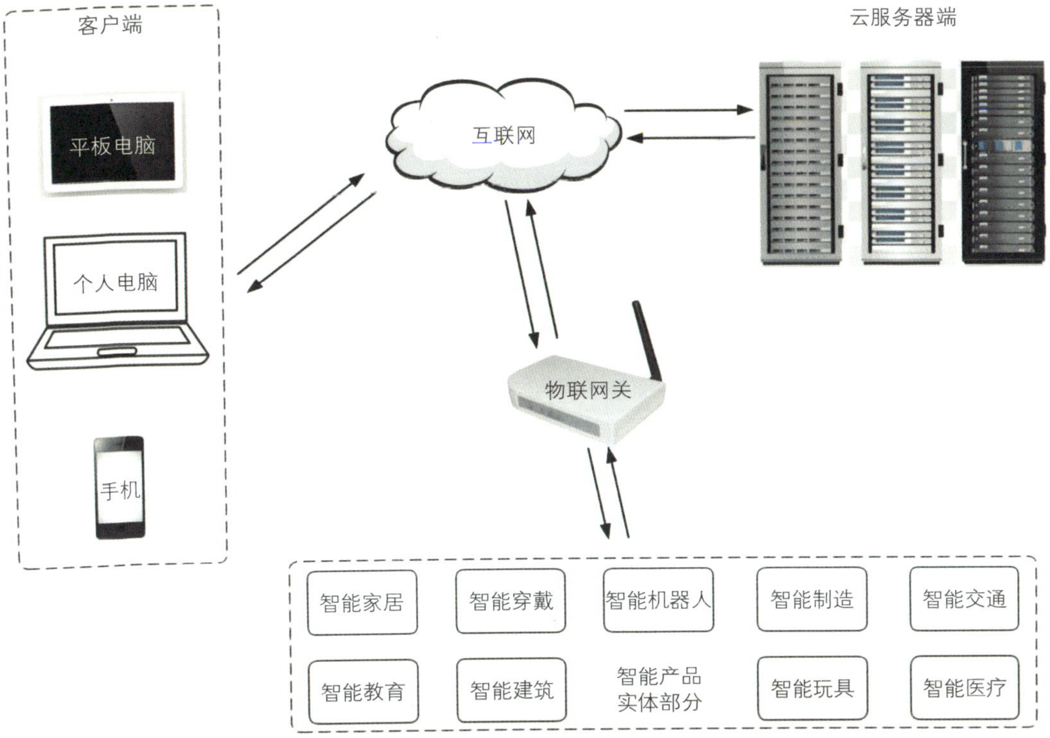

图 3-26 新一代信息技术背景下的智能产品框架图

一、物联网关

网关（Gateway）又称网间连接器、协议转换器、物联网关，它是在网络层以上实现网络互连的设备，既可以用于广域网互连，还可以用于局域网互连。常用在不同的通信协议、数据格式或语言，甚至体系结构完全不同的两种网络之间，实现不同网络设备之间的连接通信。简单来说，网关相当于不同网络之间的翻译人员。

对当前主流的智能产品而言，大数据、云计算、人工智能和物联网是提升产品功能和性能、增加产品竞争力的关键技术，因而在智能产品的架构设计中实现产品与因特网的互联互通必不可少。在这里，物联网关可以简单理解为能够帮助智能产品打通信息通道，与因特网互联互通的一种中转设备。物联网关的具体形式取决于智能产品集成了什么网络接口（数据通信接口种类详见第二章第 3 节内容），基于因特网常用的 TCP/IP 协议的网络通信网关就是目前常见的路由器，它可以通过有线或者 Wi-Fi 的形式进行互联互通。除了常规路由器外，使用蓝牙通信的产品需要用到蓝牙网关连入因特网，使用 4G 通信模块的智能产品需要使用移动供应商的基站作为网关设备连入互联网，使用 ZigBee 通信模块的智能产品需要使用 ZigBee 网关连入互联网，其他同理。

二、客户端

客户端，又叫用户端，是指提供给用户使用的终端，一般安装在普通的客户机上，需要通过网络与服务端互相配合运行，用户通过客户端可以远程使用并操控产品。客户端的硬件通常有个人电脑（PC）、智能手机、平板电脑及智能手表等形式。一个智能产品可以同时支持多个客户端。例如，一个监控类的产品，用户既可以通过手机或平板的 App 客户端，也可以通过 PC 上的客户端软件或者 Web 端对产品进行远程查看、分析、控制等。

（一）客户端的运行平台

如图 3-27 所示，客户端既能运行在智能手机上，也能运行在平板电脑和个人电脑上。在 PC 互

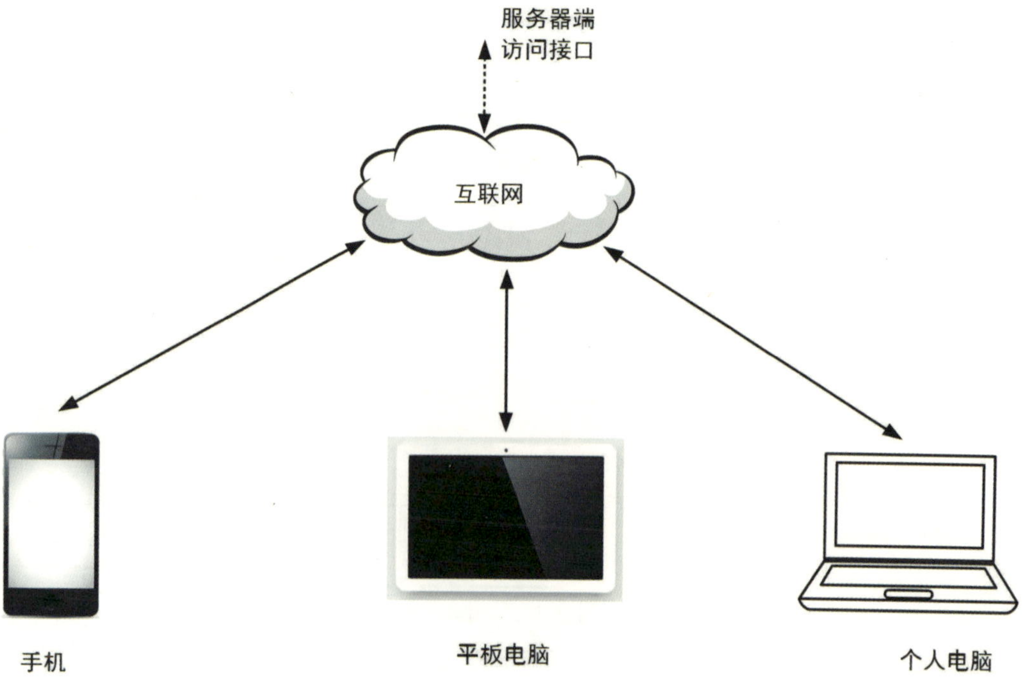

图 3-27　智能产品的客户端类型及工作形式

联网时代，人们能接触到的客户端主要是个人电脑，通过使用计算机软件获取产品服务。这种PC客户端最大的弊端就是每次软件有更新都要安装更新包。在进入Web时代后，我们主要通过浏览器访问各种网站，在网站内可以使用五花八门的物联网产品服务。用户可以通过浏览器随时获得最新的产品功能，而不需要像传统的软件一样安装更新包，这种技术使得互联网产品服务的效率得到了极大的提升。进入移动互联网时代后，用户主要通过智能手机就能很方便地联入互联网，智能手机弥补了PC机笨重且携带不便的缺点。目前，移动客户端操作系统主要有基于谷歌推出的Android系统和由苹果推出的iOS系统，这也是目前两个市场占有率最高的智能手机操作系统。

（二）客户端的软件形式

客户端的软件形式有多种，运行于PC机的电脑软件、运行于Android系统的安卓App、运行于iOS系统的苹果App和通行于各个平台的Web网页。

电脑软件，盛行于2000年前后的PC互联网时期，是指可以运行在电脑硬件基础上的各种程序的总称，其作用是发挥和扩大电脑的功能，为用户提供特定的服务。常见的客户端软件如通信软件、下载工具、杀毒软件、网页浏览软件、数据库管理软件和PC网游客户端等。

手机App，这是大家最熟悉的客户端软件，常见的手机客户端主要包括安卓App和苹果App两大类。它们都是在2010年前后智能手机兴起后的客户端软件，由于智能手机领域的操作系统市场份额主要被谷歌的Android系统和苹果公司的iOS系统所占领，因而对应的手机客户端软件也就主要运行于这两类系统之上。安卓App和苹果App本质上是一样的，都是为用户提供功能服务，不同点就在于它们是用不同编程语言开发、运行在不同操作系统上的两类软件。

Web网页，这也是一种比较成熟的技术，它由超文本标记语言（HTML）、串联样式表（CSS）及JavaScript等动态交互技术组成。在PC互联网时代，大部分网络产品功能都可以通过浏览器访问Web网页来实现；进入移动互联网时代后，依然可以通过智能手机、平板电脑来访问Web网页。Web网页最大的优势就是可以跨平台，只有通过浏览器才能获取产品服务。与安卓App和苹果App等前端技术相比，Web网页不需要对特定设备进行适配，通过响应式布局的方式就可以对不同屏幕的尺寸进行动态适配。目前，HTML 5（简称H5）技术作为一种Web客户端技术应用火爆，除了各种网页外，微信公众号、微信小程序页面和微信红包页面等都可以通过H5技术开发实现。

三、服务器端

服务器端通常又被叫作云端，也叫云服务器，它是指物理机房托管在第三方数据中心，而不是自建机房。通常情况下，服务器和所有网络设备都放在机房里，整个机房由应用服务器、数据库服务器、交换机、网络端口和外网光缆等设备构成。根据机房规模的不同，服务器机房配置和架构略有差异，但其基本结构类似，典型的服务器基本架构如图3-28所示。

从图中可以看出，客户端经由互联网接入服务器发起访问请求，访问请求进来后首先需经过负载均衡服务器，负载均衡服务器就像银行服务大厅的取号叫号系统，负责对来银行办事的客户进行动态分流，减少客户排队时间，提高银行服务效率。客户端的请求经过负载均衡服务器的动态调度后，会被分配到某一台API服务器，API服务器又叫应用服务器，它会根据不同的客户端请求进行相应的业务逻辑处理，并把处理完成的结果返回给客户端。同样的API服务器通常会有多台同时运行，当客户端访问量足够大时，一台服务器忙不过来，就可以采用多台同时运行来分流处理客户端请求，而分流调度就是通过负载均衡服务器来完成的。对于银行服务大厅来说，API服务器就相当于服务窗口，银行服务大厅包含若干个VIP业务窗口、若干个普通业务窗口以及若干个理财业务窗口等，它们会根据

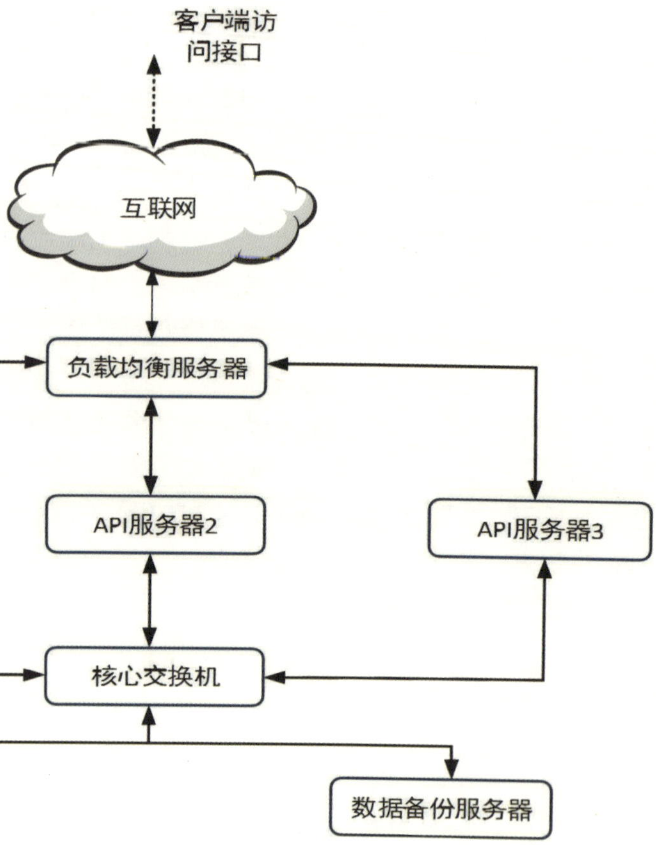

图 3-28　典型的服务端架构图

取号叫号系统为客户提供相应的服务。

在 API 服务器下方的核心交换机主要用于实现多个子网的连接，以及为服务器提供路由传输、带宽分配、多媒体传输和安全控制等功能，相当于银行内部负责审核、签字、盖章的业务主管。核心交换机下方是数据库服务器，它主要用于运行后端数据库管理系统并存放相关的数据。当客户端需要访问某一条数据记录时，API 服务器会根据用户请求从数据库中指定信息并返回给客户端。对于银行业务来说，数据库服务器有点类似于银行的现金保险柜，而现金保险柜用于存放现金业务窗口所需要的现金。由于数据都是核心资产，为了保证系统数据的安全性，通常会在两台以上的数据库服务器存储同一份数据作为备份。当某台数据库服务器发生异常时，其他的数据备份服务器还可以作为备用服务器为客户提供服务。

第五节 Python 编程入门

编程语言是计算机技术中非常重要的组成部分，处理器通过执行预先写好的程序可以控制计算机完成各种任务。同样，智能产品想要实现智能感知、智能决策、智能交互和信息传输等功能时，也需要通过智能产品内部的嵌入式处理器执行事先写好的程序来实现这些功能。

编程语言有很多，综合考虑入门难度、实用性、可移植性和可拓展性等因素，本书以 Python 语言为例简单讲述计算机编程入门的知识。

一、Python 及其开发环境

（一）Python 简介

Python 是 1989 年荷兰人吉多•范罗苏姆（Guido van Rossum）发明的一种面向对象的解释型高级编程语言。Python 编程语言的设计理念为简单、优雅、明确，网络上一直流行着“人生苦短，我用 Python！”的说法就充分体现了广大开发人员对 Python 编程语言的偏爱。

跟 Java 等主流编程语言相比，使用 Python 有许多优点。首先，Python 语言实现同一个算法所需要的代码量明显少于 Java，有的甚至能减少一半以上代码，可大幅减少程序员的开发负担，缩短开发周期。其次，由于 Python 有丰富的库（如 numpy、pandas、matplotlib 等）可以使用，使项目开发变得非常方便。此外，Python 语言中 Web 编程、图形处理、大数据处理和人工智能应用等诸多领域都有非常广泛的应用，各种成熟参考案例非常多。

1991 年 Python 的第一个公开发行版问世。从 2004 年开始，Python 的使用率呈线性增长，逐渐受到编程者的喜爱，特别是随着人工智能技术的应用大爆发，在 2017 年 IEEE Spectrum 发布的年度编程语言排行榜中，Python 已位列排行榜第 1 名，并一直持续至今，图 3-29 为 IEEE Spectrum 发布的

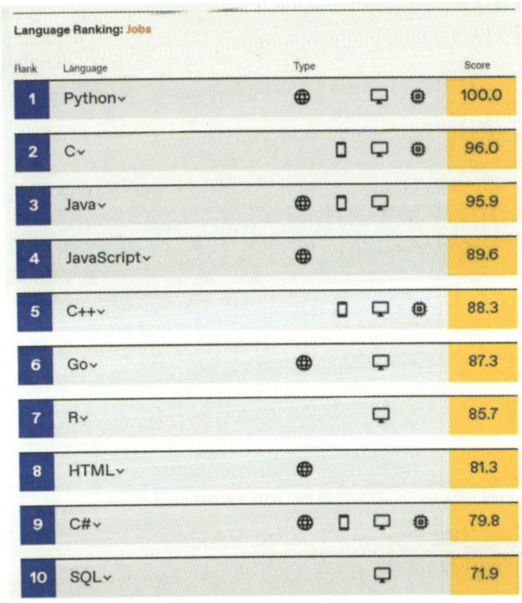

图 3-29 IEEE Spectrum 发布的 2022 年度编程语言排行榜前 10 名

2022 年度的编程语言排行榜前 10 名。

Python 从发布以来经历了 3 个大的版本，分别为 1994 年发布的 Python 1.0 版本（已过时）、2000 发布的 Python 2.0 版本（该版本 2020 年 4 月更新到 2.7.18 后停止更新）和 2008 年发布的 Python 3.0 版本（2023 年 6 月已更新至 3.11.4）。Python 3.x 主要是在 Python 2.x 基础上做了一些功能升级，它们在思想上是共通的。当然，由于越来越多的 Python 初学者都是从 3.x 版本入手，学习和使用 Python 3.x 是大势所趋。

（二）搭建 Python 开发环境

工欲善其事，必先利其器。在正式学习 Python 开发前，必须先搭建好 Python 的开发环境。Python 是跨平台的开发语言，可以在 Windows、MacOS 和 Linux 等不同的操作系统上开发和运行。开发前要搭建好相应操作系统下的开发环境，对于 Python 而言，其开发环境的搭建主要包括安装 Python 解释器和安装开发工具。

1.安装Python解释器

Python 是解释型编程语言，需要有一个解释器才能运行编写好的代码，下面以 Windows 平台的安装为例讲解 Python 解释器的下载与安装。

首先在浏览器中输入 Python 官方网站的网址，如图 3-30 所示，找到适合当前操作系统的最新版本安装包进行下载。需要注意的是，Windows 7 系统只能安装 Python 3.8 及 Python 3.8 以前的版本，如果需要安装 Python 3.9 以后的版本就只能更新操作系统后再进行安装。

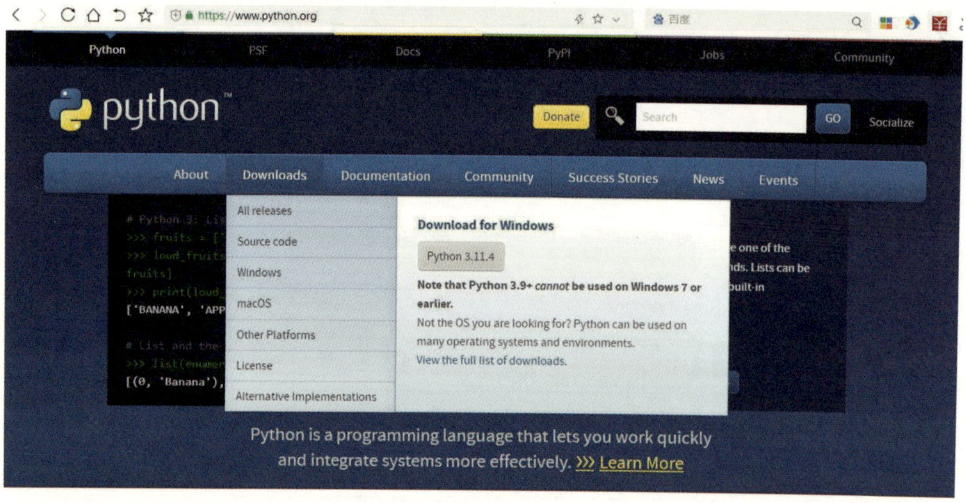

图 3-30　Python 官方网站首页

下载好安装包后，在 Windows 64 位系统上安装 Python 3.x 的步骤如下：

（1）双击下载后得到的安装文件“python-3.10.2-adm64.exe”，出现如图 3-31 所示的安装界面，特别需要注意的是，需要勾选“Add Python 3.10 to PATH”，其目的是把 Python 的安装路径添加到 Windows 系统环境变量相应的路径下，以后执行 cmd 命令时输入 python 就可以直接调用安装好的可执行文件 python.exe。

图 3-31　Python 安装向导

（2）单击“Install Now”开始安装，整个安装过程将会持续几分钟，如图 3-32 所示。

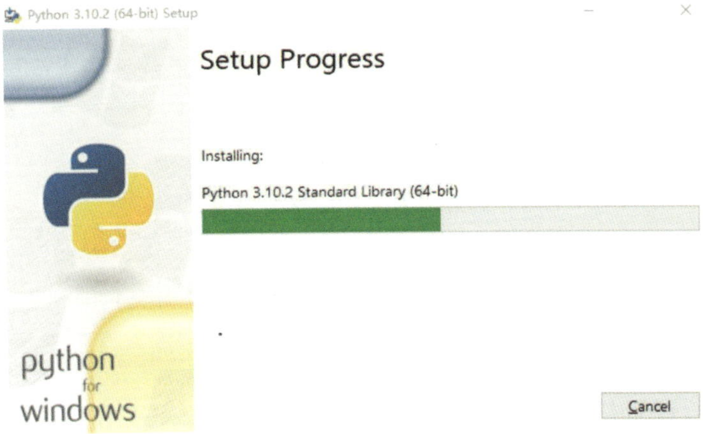

图 3-32　Python 安装进度

（3）安装完成后将显示如图 3-33 所示的界面，单击“Close”关闭退出即可。

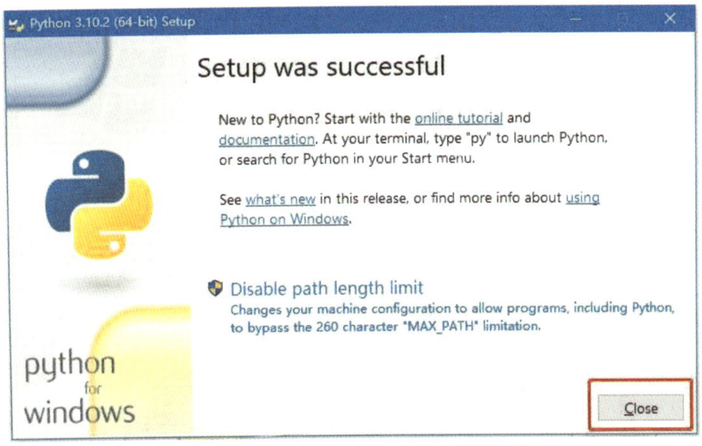

图 3-33　Python 安装完成界面

（4）为了验证 Python 是否成功安装，可以在 Windows 系统命令行窗口中进行测试。按“Windows+R”组合键调出运行窗口，输入 cmd 后，按“Enter”键确认，进入 DOS 命令行界面窗口，然后输入“python”进行验证，若出现如图 3-34 所示的界面则表示安装成功。

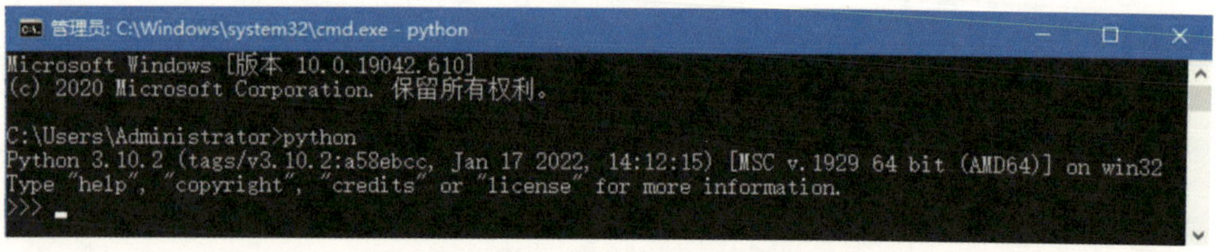

图 3-34　Python 安装成功测试界面

2.开发工具PyCharm的安装

安装 Python 解释器后，还需要安装相应的开发工具，以提高开发效率。Python 的开发工具有很多种，包括 Python 自带的 IDLE，以及主流的 PyCharm、Visual Studio Code 和 Spider 等第三方开发工具。IDLE 只有基本的编辑功能和调试功能，虽然它简单易上手，但也因为功能较少且拓展性不足，在开发大型项目时存在一定的不足。第三方开发工具也各有自己不同的特点，本书以 PyCharm 为例介绍 Python 开发环境的安装和使用。

PyCharm 是由捷克 JebBrains 公司开发的一款 Python 开发工具，在 Windows、MacOS 和 Linux 等多种操作系统中都可以使用。它具有语法高亮显示、项目管理、代码跳转、智能提示、代码自动补全、调试、单元测试和版本控制等多种功能，是一款非常强大的开发工具，它还支持使用 Django 框架进行 Web 开发。

PyCharm 分为专业版（功能齐全，收费）和社区版（缺少 Web 开发等部分功能，免费使用）两种版本，进入到相应的安装程序下载页面后可以看到如图 3-35 所示的页面，用户可以根据自己操作系统的类型选择最新的社区版（PyCharm Community Edition）下载。

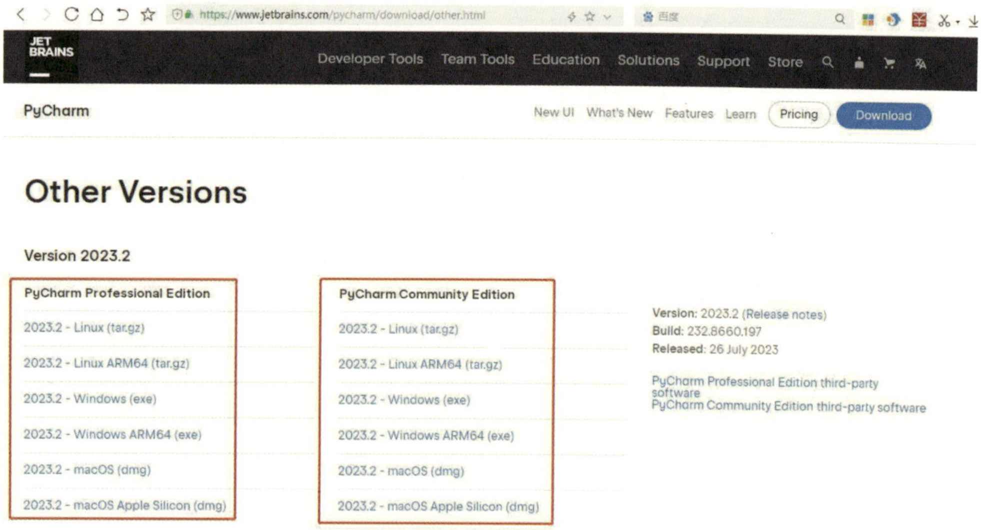

图 3-35　PyCharm 官方网站下载界面

下载好后直接进行安装即可，安装配置过程中建议把所有选项框都勾选上，安装完成后有一部分功能需要重新启动电脑后才能使用。

3.PyCharm的使用

（1）首次打开 PyCharm Community Edition 2023.2 程序时，会出现设置导入界面，选择“Do not import settings”，单击“OK”按钮，如图 3-36 所示。

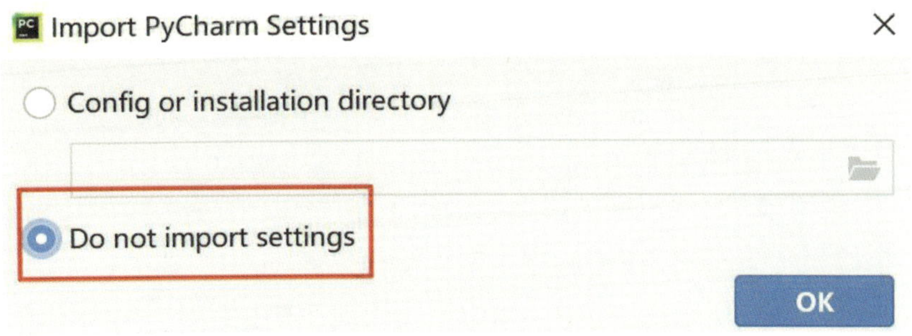

图 3-36　首次启动 PyCharm 的设置导入界面

（2）在下一步界面中选择“New Project”创建新项目，创建项目后会跳转到如图 3-37 所示的页面，在区域 1 中可以选择新项目所在的位置以及新项目的名称，单击区域 2 的“Create”按钮即可创建新项目。若该按钮为灰色，则需要先在区域 3 中选择合适的解释器后才可以正常新建项目。

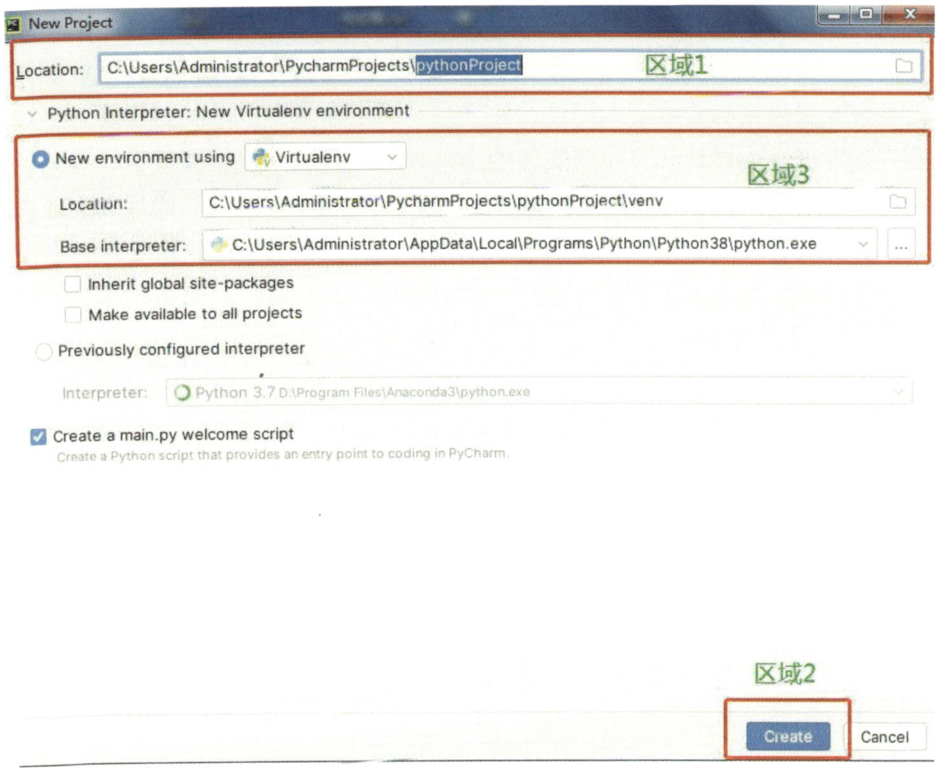

图 3-37　PyCharm 新建项目设置页面

（3）创建项目默认会同步创建一个“欢迎用户”的 main.py 文件，如图 3-38 所示，通过区域 1 中的“Run”→“Run ‘main’”运行该文件。在区域 2 如果能看到“Hi，PyCharm”提示信息，则代表 PyCharm 开发环境已经全部搭建完成。后续学习的代码均需要这样运行调试，软件更多的用法可自行查阅资料，或者由专业老师课堂实操讲解示范。

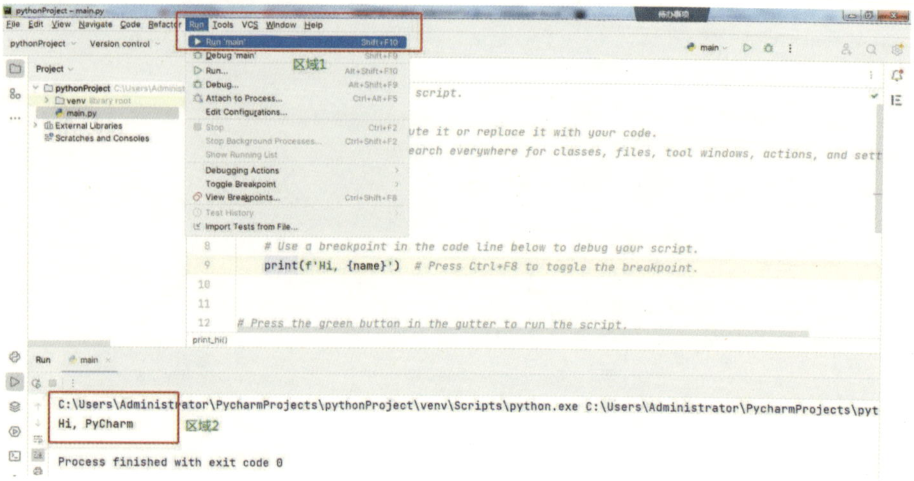

图 3-38　PyCharm 运行程序界面

二、Python 语言基础

（一）基本输入输出和注释

智能产品之所以智能，是因为它能够根据外界的人、事和物的不同而做出不同的处理或响应。例如，智能路灯可以通过传感器检测光照强度和是否有人经过来决定是否亮灯，光强传感器和人体红外传感器可以分别检测出环境光线强度和是否有人经过，并把检测结果输入到嵌入式处理器，处理器根据一定的逻辑对这两个输入信息进行推导处理，并把处理的结果输出到灯泡回路上进行通断控制，从而实现路灯的智能控制。从信息流向的角度划分，所有智能产品都可以分成数据输入、处理决策（传输通信）和数据输出三大块，其中数据输入主要由传感器和输入装置完成，数据输出由执行器和输出装置完成，处理决策由嵌入式处理器完成，在需要跟外部设备进行数据传输时则需要加上通信模块进行双向数据传输，如图 3-39 所示。

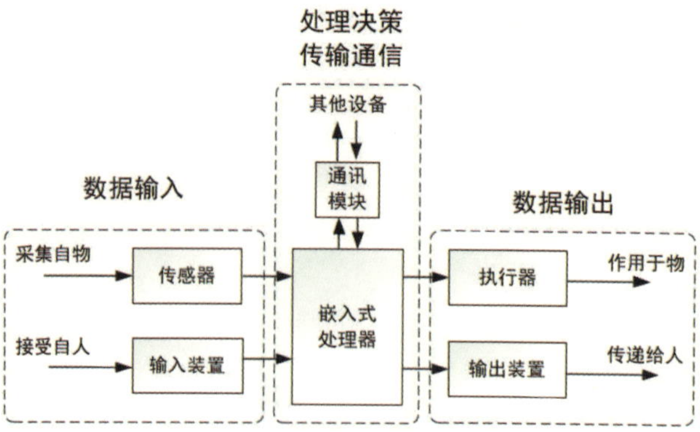

图 3-39　智能产品信息流向示意图

对于软件开发而言，每个功能同样可以分成输入、处理和输出三部分来编程实现。在 Python 编程语言中，通常使用 input() 函数来接收用户的键盘输入，用 print() 函数将数据进行输出显示，我们在编程学习过程中可以借助这两个函数来模拟实现智能产品的外部信息的输入和向外部输出数据功能，处理决策功能则需要通过设计算法实现。

1.基本输入函数input( )

在 Python 中，使用内置函数 input( ) 可以接收用户键盘输入的内容，该函数的基本语法如下：

```
variable = input(" 提示文字 ")
```

其中，variable 为保存输入结果的变量，双引号内的文字用于提示用户要输入的内容，例如，想要接受用户输入的姓名并赋值给变量 name，可以使用以下代码：

```
name = input(" 请输入您的姓名：")
```

需要注意的是，Python 3.x 中，无论输入的是数字还是字符都将统一被当作字符串看待。如果想要接收数值，则需要将接收到的字符串进行类型转换。例如，想要将接收的整型数字作为年龄赋值给变量 age，可以使用以下代码：

```
age = int(input(" 请输入年龄："))
```

其中 int() 函数为数据类型转换函数，用于把其他类型的数据转换成整型数据。另外，在编程语言中，所有的标点符号都必须用半角符号，否则运行时会报错。

2.基本输出函数print( )

默认情况下，Python 使用内置的 print() 函数可以将结果输出到控制台，其基本语法如下：

```
print( 输出内容 )
```

其中，输出内容可以为数字、变量或字符串，如果是输出字符串需要使用引号将字符串括起来，此类内容将直接进行输出。另外，输出内容还可以是包含运算符的表达式，此类内容会先运算出结果，然后将运算结果输出，例如：

```
a = 5   # 变量 a，赋值为 5
b = 16   # 变量 b，赋值为 16
sum = a + b   # 求 a 和 b 的和，并赋值给变量 sum
print(" 生命苦短，我用 Python!")   # 直接输出字符串
print("a 和 b 相加的结果为：", sum)   # 字符串和变量叠加输出
print(a)   # 直接输出变量 a 里面的值
print(6)   # 直接输出数字 6
print(a*b)   # 将表达式的结果运算后输出
print("a 和 b 的数值分别为：", a, b)   # 输出多个变量可以用逗号隔开
print(f" 本案例中 a 的值为 {a},b 的值为 {b}!")   # 字符串和变量合并输出
```

运行结果如图 3-40 所示。

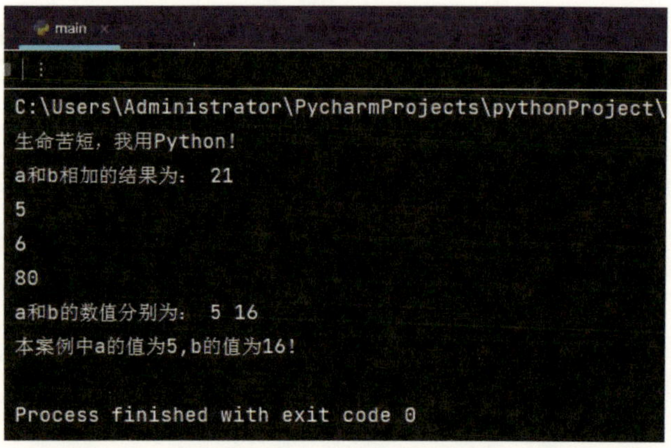

图 3-40 print 使用案例结果输出

3.注释

在程序中，注释常用于对代码进行解释和说明，方便程序员快速理解代码实现的功能，从而帮助程序员更好地阅读代码。在程序执行过程中，注释部分会被 Python 解释器忽略，并不会在执行结果中体现出来。

Python 3.x 中的注释类型主要有单行注释和多行注释两种。

（1）单行注释

Python 中单行注释以“#”开头。从符号“#”开始直到换行结束为止，“#”后面的所有内容都作为注释的内容，并被 Python 编译器忽略。其语法如下：

注释内容单行注释可以放在要注释代码的前一行，也可以放在要注释代码的右侧。下面的两种注释形式都是正确的。

第一种形式：

```
# 要求输入用户身高，单位 cm
height = float(input(" 请输入您的身高（cm）：")) 
```

第二种形式：

```
height = float(input(" 请输入您的身高（cm）：")) # 要求输入用户的身高，单位 cm
```

以上两种形式的代码运行结果是相同的，均如图 3-41 所示。

图 3-41 两种注释形式的运行结果

在实际项目开发过程中，注释除了可以解释代码的功能和用途外，也可以临时注释掉不想执行的代码。在 PyCharm 中，可以通过主菜单中的“Code”→“Comment With Line Comment”菜单来注释代码或取消注释代码，也可以选中对应的代码段后直接通过“Ctrl+L”组合键来注释代码或取消注释代码。

（2）多行注释

在 Python 中并没有一个单独的多行注释标记，而是将多行注释的内容包含在一对单三引号（’’’’’’）或者一对双三引号（"""""")之间，三引号内的任何内容都被视为注释，这些代码将被解释器忽略。由于这样的代码可以分为多行编写，所以也被称作多行注释。多行注释的语法格式如下：

```
'''
这是多行注释，使用的是单三引号
这是多行注释，使用的是单三引号
这是多行注释，使用的是单三引号
'''
"""
这是多行注释，使用的是双三引号
这是多行注释，使用的是双三引号
这是多行注释，使用的是双三引号
"""
```

多行注释通常用来为 Python 文件、模块、类或函数等添加版权信息、功能介绍和使用说明等信息。

4.代码缩进

对于信息量较大的文章通常会用章节结构来体现结构层次，同样写代码也需要层次结构。跟 C 语言和 Java 语言采用大括号“{ }”来分割代码块不同，Python 中代码的结构层次使用代码缩进和冒号来进行区分。

在 Python 中，对于类定义、函数定义、流程控制语句、异常处理语句等代码，行尾的冒号表示一个代码块的开始，缩进结束则表示一个代码块的结束。缩进可以使用一个“Tab”键实现，也可以直接使用 4 个半角的空格作为一个缩进量。

下面为正确的代码缩进，所有条件语句后面的缩进量一致，均为四个半角空格。

```
if score >= 90:
    print("您的成绩为：", score)
    print("非常优秀，继续保持！")
elif score < 60:
    print("您的成绩为：", score)
    print("成绩不合格，必须要加油哦！")
else:
    print("您的成绩为：", score)
    print("成绩还可以，继续努力！")
```

Python 对代码的缩进要求非常严格，同一级别的代码块的缩进量必须相同，否则运行时将会抛出 SyntaxError 异常。如图 3-42 所示，代码的第 4 行和第 5 行同属于 if 语句的下一层，但第 5 行的代码缩进量和第 4 行不一致，代码运行时系统会报错。

```
main.py
1  score = 98
2
3  if score >= 90:
4      print("您的成绩为：", score)
5       print("非常优秀，继续保持！")
6

main
C:\Users\Administrator\PycharmProjects\pythonProject\venv\Scripts\python.exe C:\
  File "C:\Users\Administrator\PycharmProjects\pythonProject\main.py", line 5
    print("非常优秀，继续保持！")
    ^
IndentationError: unexpected indent

Process finished with exit code 1
```

图 3-42　代码缩进量不一致时运行报错

（二）变量及其定义和使用

1.理解变量的概念

在编程语言中，变量其实是内存中所存放数据的“名字”，也可以理解为数据的标签。一个完整的程序中通常会涉及大量的运算，运算的对象就是各种数据，这些数据都存放在内存中，在编写程序时很难记住每一个数据具体存放在哪里，但是只需要通过数据对应的变量名（标签）就可以准确调用这个数据了。这个过程类似于取快递。我们取快递时，无需知道快递具体放在货架的什么位置，只需提供收件人的姓名电话等个人信息，工作人员就可以准确地找到快递并拿给我们，如图 3-43 所示。程序对数据的调用也是同理，变量使用者只要记住存放数据的变量名，系统就会把内存中变量名对应的数据传递过来供程序调用。

图 3-43　凭标签信息取快递现场

2.变量的定义和使用

跟 C 语言不同，Python 中无须事先声明变量名和变量类型，直接赋值即可创建各种类型的变量。但是变量的命名也不是任意的，通常应遵循以下规则：

（1）变量名必须是一个有效的标识符；

（2）变量名不能使用 Python 中的保留字；

（3）慎用小写字母 l 和大写字母 O，因为它们容易与数字 1 和 0 搞混；

（4）应选择有意义的单词作为变量名，增强程序的可读性。

变量赋值通过等号“=”来实现，其语法格式为：

```
变量名 = value
```

例如，需要创建一个变量 age，并为其赋值表示年龄的数字 24，可以使用以下语句：

```
age = 10    # 创建变量 age 并赋值为整数 24，该变量为整数型
```

同理，如果直接为变量赋值一个字符串值，那么这个变量就为字符串类型，例如下面语句：

```
nickname = " 天马行空 "
```

另外，Python 是一种动态类型的语言，也就是变量的类型可以随时变化，比如在第一次创建变量 nickname 并赋值为“天马行空”时，该变量此时为字符串型，如果后面又把该变量赋值为数值 1024，那此时该变量就变成了整数型。其代码和执行结果如图 3-44 所示。

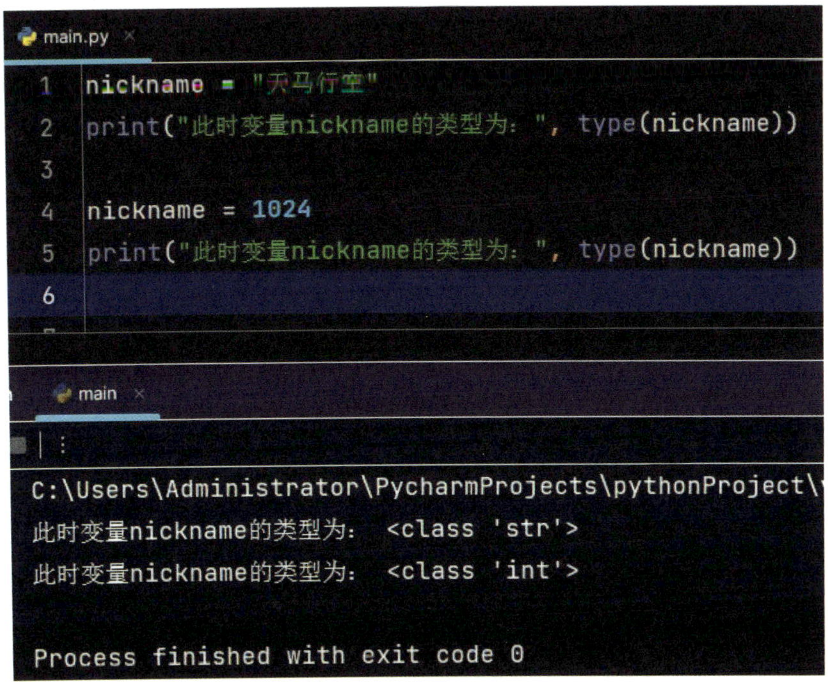

图 3-44 变量在被赋值不同类型数据时的变量类型

另外，除了给单个变量赋值外，在 Python 中还可以一次给多个变量赋值，赋值的形式主要有以下两种：

```
a = b = c = 1     # a,b,c 三个变量被一次性赋予相同的值
d,e,f = 2, 2.35, "John"    # d,e,f 三个变量被赋予不同类型的不同值
```

（三）基本数据类型

在程序中需要用到很多种数据，每种数据都有不同的数据类型。比如个人信息中的姓名可以用字符串存放，年龄可以用整数存放，身高和体重可以用浮点数存放，婚姻状况可以用布尔值存放，这里的字符串、整数、浮点数、布尔值均为 Python 语言中提供的基本数据类型。除了这些基本数据类型外，Python 语言还有列表、元组、字典和集合等复合数据类型，在本书中主要讲解最基本的数据类型。

1.整数类型

整数用来表示整数数值，即没有小数部分的数值，包括正整数、负整数和 0。在 Python 语言中，整数的位数是任意的，即当数字位数多到超过计算机自身的计算精度时，会自动转换成更高精度的整数进行计算。

整数类型包括十进制整数、八进制整数、十六进制整数和二进制整数。其中八进制整数由 0—7 构成，进位规则为逢八进一，并且以 0o 或 0O 开头，如 0O123（转换成十进制数就是 83）；十六进制整数由 0—9 和 A—F 组成，进位规则为逢十六进一，并且以 0x 或 0X 开头，如 0x25（转换成十进制数就是 37）；二进制整数由 0 和 1 两个数组成，进位规则为逢二进一，并且以 0b 或 0B 开头，如 0b111（转换成十进制数就是 7）。在实际应用中，用来表达事物的个数、编号或序号等情况时必须用数字表示。

2.浮点数类型

浮点数由整数和小数部分组成，主要用于处理包含小数的数，之所以叫浮点数是因为小数点后的位数是浮动的、不固定的。在编程应用中，浮点数比整数用得更广泛，因为生活中涉及的大部分数值都首选用小数来表示，例如，我们常说的某人身高一米八，实际可能是 1.802m；体重 60 公斤，实际可能是 60.12kg；天气预报播报的温度为 38℃，局部区域实际温度可能是 38.22℃。智能产品涉及的类似情况不胜枚举。

要注意的是，当使用浮点数进行计算时，可能会出现小数位数不确定的情况。例如，在计算 0.1+0.2 时，我们能轻易知道结果为 0.3，但计算机程序计算出来的结果却不一定是 0.3，如图 3-45 所示，计算的

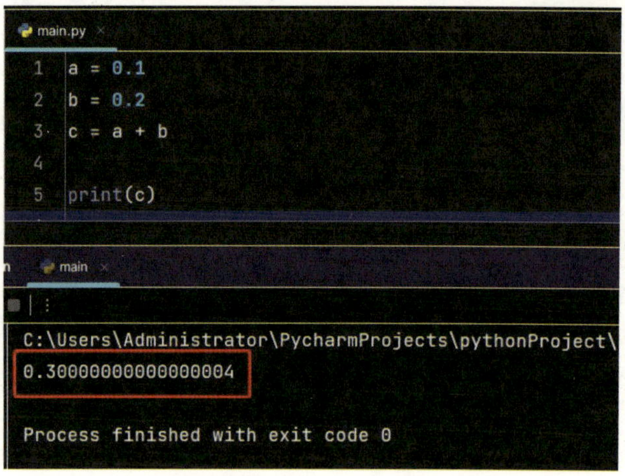

图 3-45　浮点数运算时结果出现浮动

结果为 0.30000000000000004，与预期结果并不一致。这种情况不仅在 Python 语言中存在，其他编程语言也有这个问题，暂时忽略多余的小数位数即可。

3.字符串类型

字符串就是连续的字符序列，它可以是计算机所能表示的一切字符的集合，包括数字、字母和各种特殊符号的组合，通常使用一对半角单引号、一对半角双引号或一对半角三引号括起来表示，这三种引号形式在语义上并没有差别，只在形式上有差别。其中单引号和双引号中的字符序列必须在同一行上面，三引号内的字符序列可以分布在连续多行上。

例如，使用以上三种引号定义三个字符串变量，并将这三个变量用 print() 函数进行输出，代码如下：

```
mot_cn = ‘生命苦短，我用 python！’
mot_en = "Life is short，you need Python！ "
idea ="""
优雅胜于丑陋
显式优于隐式
简单胜于复杂
复杂胜于凌乱
扁平胜于嵌套 """
print(mot_cn)
print(mot_en)
print(idea)
```

运行结果如图 3-46 所示。

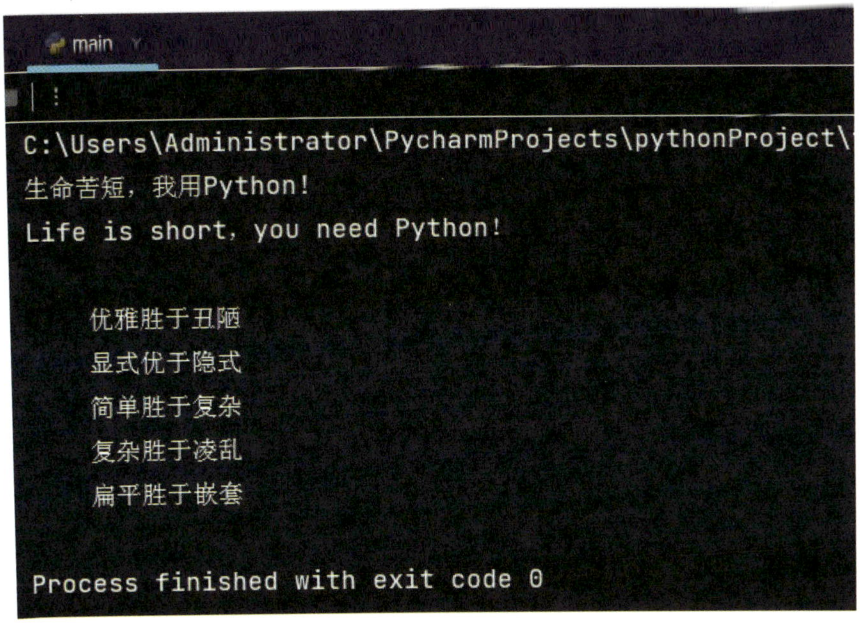

图 3-46　使用三种形式定义字符串

4.布尔类型

布尔类型用于表示真值和假值两种状态。在 Python 中，标识符 True 和 False 被解释为布尔值。另外，Python 中的布尔值也可以转化为数值，True 表示 1，False 表示 0。

在 Python 语言中，所有的对象都可以进行真值判断，其中非零的数字和非空的字符串、列表、元组等都被视为 True，而数字 0、空字符串、空列表、空元组等则被视为 False。

布尔类型可以和数字、字符串等其他数据类型进行比较，在进行比较时 Python 会将 True 视为 1，False 视为 0。布尔类型还可以和逻辑运算符（包括 and、or 和 not）一起使用，这些运算符组成的布尔表达式将生成一个新的布尔值作为运算结果。

用法举例：

```
a = True
b = False
# 比较运算符
print(2 < 3)    # 结果为 True
print(2 == 3)    # 结果为 False

# 逻辑运算符
print(a and b)    # 结果为 False
print(a or b)    # 结果为 True
print(not a)    # 结果为 False

# 类型转换
print(int(a))    # 结果为 1
print(float(b))    # 结果为 0.0
print(str(a))    # 结果为 “True”
```

5.数据类型的转换

Python 是一种动态类型的语言，也被称作弱类型语言，它不需要像 Java 或者 C 语言一样在变量使用前进行变量类型的声明。不过，虽然 Python 不需要先声明变量的类型，但在将变量进行运算时经常要进行数据类型转换，把不同类型的数据转换成相同类型再进行计算。例如，我们想把一个用户输入的数字乘以 3 后再进行输出，如果不作类型转换则得不到正确的结果，只有把输入的内容强制转换成数值型再运算才能出正确结果，代码如下：

```
num = input(" 请输入一个数字：")
print(" 将输入信息直接计算 3 倍的结果为：")
print(num * 3)
print(" 将输入信息转换为整数后计算 3 倍的结果为：")
print(int(num) * 3)
```

运行结果如图 3-47 所示。

```
C:\Users\Administrator\PycharmProjects\pythonProject\v
请输入一个数字：25
将输入信息直接计算3倍的结果为:
252525
将输入信息转换为整数后计算3倍的结果为:
75

Process finished with exit code 0
```

图 3-47　数据类型转换前后运算结果对比

Python 中提供了如下表所示的函数用于进行数据类型的转换：

表3-1　常用类型转换函数及其作用

函数	描述
int(x)	将x转换为一个整数
float(x)	将x转换为一个浮点数
complex(real [,imag])	创建一个复数
str(x)	将对象 x 转换为字符串
repr(x)	将对象 x 转换为表达式字符串
eval(str)	计算在字符串中的有效Python表达式,并返回一个对象
tuple(s)	将序列 s 转换为一个元组
list(s)	将序列 s 转换为一个列表
set(s)	将序列s转换为可变集合
dict(d)	创建一个字典，d 必须是一个 (key,value)元组序列。
frozenset(s)	转换为不可变集合
chr(x)	将一个整数转换为一个字符
ord(x)	将一个字符转换为它的整数值
hex(x)	将一个整数转换为一个十六进制字符串
oct(x)	将一个整数转换为一个八进制字符串

（四）运算符

智能产品最大的特点就是它具备智能性，也就是能够自动计算、逻辑推理和智能决策，而实现这些功能就离不开运算符。运算符是编程语言中不可或缺的一些特殊符号，可以跟各种数据组合完成数学计算、比较判断和逻辑运算。Python 的运算符主要包括算术运算符、赋值运算符、比较（关系）运算符、逻辑运算符、成员运算符和位运算符。使用运算符将不同类型的数据按照一定规则连起来的式子被称为表达式，包括算术表达式、逻辑表达式等。由于本书面向的读者大都不具备理工科背景知识，位运算符不作要求。

1.算术运算符

算术运算符是处理加减乘除相关运算的符号，广泛应用于需要数字处理相关的功能中。假设变量 a 为 10，b 为 21，则常用的算术运算符的描述和示例运算结果如表 3-2 所示。

表3-2　常用的算术运算符

运算符	描述	示例运算结果
+	加，将两个数相加	a + b 的输出结果为31
-	减，将两个数相减或者将一个数取反	a - b 的输出结果为-11
*	乘，将两个数相乘或是返回一个被重复若干次的字符串	a * b 的输出结果为210
/	除，将两个数相除	b / a 的输出结果为2.1
%	取模，返回除法的余数	b % a 的输出结果为1
**	幂，返回x的y次幂	a ** b的输出结果为1021
//	取整除，往小的方向取整	9 // 2 的输出结果为4-9 // 2的输出结果为-5

例如：某学生语文、数学和英语三门课程的成绩分别为 95、92 和 86，编程实现以下功能：

（1）计算语文和英语的分数之差；

（2）求三门课的平均分。

分析：在编程时，首先需要定义三个变量存放这几门课程的分数，然后再运用减法运算符求语文和英语的分数差，再用加法运算符和除法运算符求各科平均成绩，最后调用 print() 函数输出结果。对应的代码如下：

```
chinese = 95    # 定义变量存放语文成绩
math = 92    # 定义变量存放数学成绩
english = 86    # 定义变量存放英语成绩
sub = chinese – english    # 计算成绩差并赋值给变量 sub
avg = (chinese + math + english) / 3    # 计算平均成绩并赋值给变量 avg
print(" 语文和英语相差 " sub, " 分 ")    # 输出成绩差
print(" 三科平均成绩为 ",avg, " 分 ")    # 输出平均成绩
```

运行结果如图 3-48 所示。

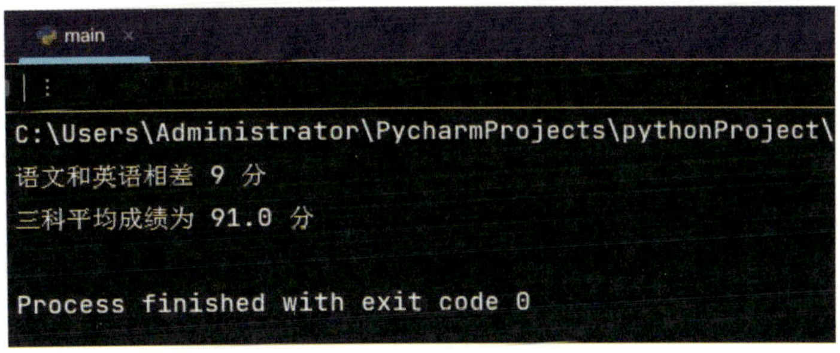

图 3-48　学生成绩计算结果

2.赋值运算符

赋值运算符主要用于给变量赋值。在使用时可以把基本赋值运算符“=”右边的值赋给左边变量，也可以进行相应的运算后再把运算结果赋值给左边的变量。在 Python 中常用的赋值运算符如表 3-3 所示。

表3-3　常用的赋值运算符

运算符	描述	实例
=	简单的赋值运算符	c = a + b，将 a + b 的运算结果赋值为 c
+=	加法赋值运算符	c += a 等效于 c = c + a
-=	减法赋值运算符	c -= a 等效于 c = c - a
*=	乘法赋值运算符	c *= a 等效于 c = c * a
/=	除法赋值运算符	c /= a 等效于 c = c / a
%=	取模赋值运算符	c %= a 等效于 c = c % a
**=	幂赋值运算符	c **= a 等效于 c = c ** a
//=	取整除赋值运算符	c //= a 等效于 c = c // a

由于很多编程语言（不仅仅是 Python）中都有“=”和“==”这两个运算符，混淆“=”和“==”是编程中最常见的错误之一。编程初学者很容易因为分不太清楚而用错这两个符号。

3.比较运算符

比较运算符，也称作关系运算符，用于对变量或表达式结果进行大小、真假等比较，如果比较结果为真，则返回 True，否则返回 False。比较运算符常用在条件语句中作为判断的依据。假设变量 a=10，变量 b=20，则常用的比较运算符及运算结果如表 3-4 所示。

表3-4　常用的比较运算符

运算符	描述	实例
==	等于，比较对象是否相等	(a == b) 返回 False。
!=	不等于，比较两个对象是否不相等	(a != b) 返回 True。
>	大于，返回x是否大于y	(a > b) 返回 False。
<	小于，返回x是否小于y	(a < b) 返回 True。
>=	大于等于，返回x是否大于等于y	(a >= b) 返回 False。
<=	小于等于，返回x是否小于等于y	(a <= b) 返回 True。

所有比较运算符的运算结果必定为布尔值，且返回 True 表示真，返回 False 表示假，要注意的是，True 和 False 的首字母必须大写。

另外，在 Python 中，当需要判断一个变量是否介于两个值之间时，可以用“值 1 < 变量 < 值 2”的形式进行判断，例如“0 < a <100”可以用于判断 a 是否处于区间 (0,100) 之间。

4.逻辑运算符

逻辑运算符是对真（True）和假（False）两种布尔值进行运算，运算的结果仍为布尔值。在 Python 中，逻辑运算符主要包括 and（逻辑与）、or（逻辑或）和 not（逻辑非）三种，表 3-5 列出了逻辑运算符的用法和说明。

表3-5　常用的逻辑运算符及实例

运算符	逻辑表达式	描述	非布尔值运算实例 (a为1，b为20)	布尔值运算实例 (x1为True，x2为False)
and	x and y	逻辑与，如果x为False，x and y返回x的值，否则返回y的计算值	(a and b)返回20。	(x1 and x2)返回False
or	x or y	逻辑或，如果x是True，返回x的值，否则返回y的值	(a or b)返回 10	(x1 or x2)返回True
not	not x	逻辑非，如果x为True，返回False。如果x为False，返回True	not(a and b)返回False	not(x1 and x2)返回True

5.成员运算符

在 Python 中，成员运算符是用来判断某个变量是否在指定序列中的（包括字符串、列表、元组、字典和集合等）。成员运算符及相应用法如表 3-6 所示。

表3-6　Python中的成员运算符

运算符	描述	实例
in	如果在指定的序列中找到值返回True，否则返回False	如果x在y序列中，语句if(x in y)返回值为True
not in	如果在指定的序列中没有找到值返回True，否则返回False	如果x不在y序列中，语句if(x not in y)返回值为True

由于 not 的运算符和 not in 运算符都包含关键字“not”，而且运算结果都为布尔值，初学者很容易混淆这两个运算符。前者指的是将该对象在逻辑上进行取反操作，而后者指的是判断该对象是否属于某个序列。

6.运算符的优先级

运算符的优先级指的是在表达式中哪个运算符先计算，哪个运算符后计算，与数学四则运算中的“先乘除后加减”类似。

Python 中运算符的运算规则为：优先级高的运算先执行，优先级低的运算后执行，相同优先级的操作从左向右依次执行。同样也可以像四则运算那样使用圆括号“()”来限定表达式运算顺序的优先级。表3-7为Python中常用运算符的优先级。

表3-7 Python中运算符的优先级

运算符	说明
**	幂运算符
+、-	正号、负号
*、/、%、//	算术运算符
+、-	算术运算符
==、!=、>、<、<=、>=、in、not in	比较运算符和成员运算符
not	逻辑非
and	逻辑与
or	逻辑或

由于运算符种类较多，且各种编程语言中各运算符的优先级并不完全一样，建议在编程过程中尽量使用圆括号“()”来限定运算次序，避免因运算次序不同而导致运算结果错误。

三、流程控制语句

(一)程序的三大控制结构

产品功能的实现往往需要由大量的代码来完成，CPU在执行这些代码时，主要有三种执行方式，包括按照代码编写顺序依次执行的顺序结构、根据条件语句的判断结果的不同而选择不同执行方向的选择结构、满足判定条件时反复执行某段程序的循环结构。程序的三种基本控制结构如图3-49所示。

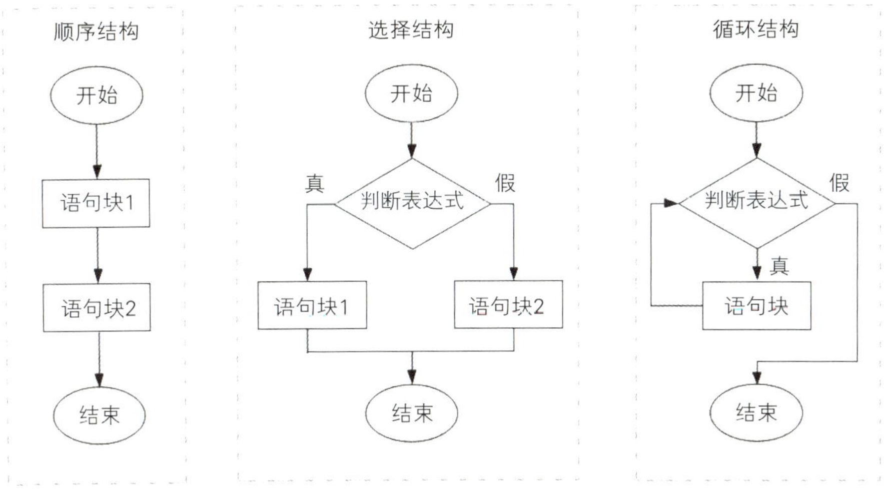

图3-49 程序的三种基本控制结构

在前面所讲的程序中大都是采用顺序结构，相对比较简单。本小节主要讲 Python 中用于控制程序执行的相关的选择语句、循环语句和跳转语句。

（二）选择语句

在生活中，我们总是要做出许多选择，智能产品的功能也是一样。例如，如果产品用户输入的用户名和密码正确，则提示登录成功并进入系统，否则提示登录失败；如果检测到室内温度低于用户设定的温度，则空调停止制冷，否则继续制冷。这些功能的实现都必须用到条件语句来选择执行不同的代码段，从而实现不同的功能。

Python 中选择语句主要有三种形式，分别是 if 语句、if…else 语句和 if…elif…else 语句，另外还可以基于这三种语句相互嵌套使用。

1.最简单的if语句

Python 中使用 if 保留字来组成选择语句，其语法格式如下：

```
if 表达式：
        语句块
```

其中，表达式可以是一个单纯的布尔值或者变量，也可以是比较表达式或逻辑表达式，如果表达式的值为真，则执行语句块，否则跳过语句块直接执行后面的其他语句。这种形式的 if 语句相当于汉语中的关联词语“如果……就……”。

另外，在格式上要注意表达式后的冒号以及“语句块”的缩进。

例如：某校学生的成绩由语文、数学和英语三门课程构成，编程实现以下功能：

（1）输入学生的三门课的成绩；

（2）计算出学生三门课成绩的平均分；

（3）如果学生平均分不低于 90 分，提出表扬，如果低于 60 分，则进行鼓励。

分析：成绩输入可以由 print() 函数实现，计算平均分可以使用算术运算符实现，判断平均分可以通过两个 if 语句来实现，对应的代码如下：

```
chinese = int(input(" 请输入学生的语文成绩：")) 
math = int(input(" 请输入学生的数学成绩：")) 
english = int(input(" 请输入学生的英语成绩：")) 

avg = (chinese + math + english)/3
if avg >= 90:
    print(" 你的平均分是：", avg)
    print(" 你真聪明！ ")
if avg < 60:
    print(" 你的平均分是：", avg)
    print(" 你要加油了！ ")
```

运行结果如图 3-50 所示。

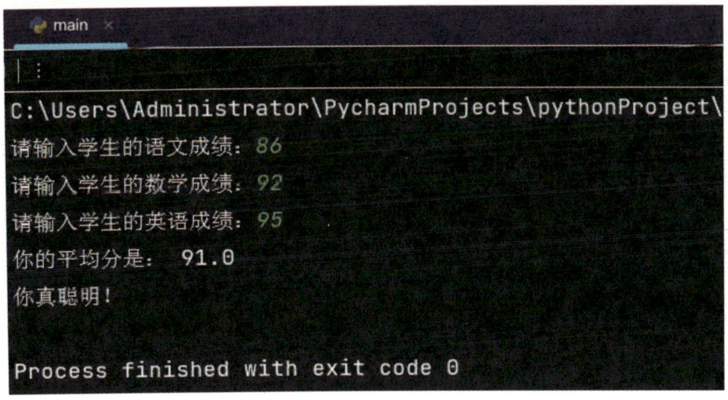

图 3-50　程序运行结果图

2.if…else语句

除了简单的 if 条件语句外，在实际生活和项目案例中还经常会遇到二选一的条件语句。例如，任意给出一个整数，它要么是奇数，要么是偶数。

利用 Python 解决类似问题时，可以使用 if...else 语句来编程实现，其基本语法格式如下：

```
if 表达式：
    语句块 1
else：
    语句块 2
```

跟 if 语句类似，表达式可以是一个单纯的布尔值或变量，也可以是比较表达式或逻辑表达式，如果满足条件，则执行语句块 1 的内容，否则执行语句块 2 的内容。

例如：《孙子算经》中的 道题：今有物，不知其数。三三数之剩二，五五数之剩三，七七数之剩二。问物几何？编程求解：

（1）获取用户的答案输入；

（2）判断答案的对错，并给出相应提示。

分析：编程时只需判断用户输入的答案是否同时符合除以 3 余 2、除以 5 余 3 和除以 7 余 2 即可，如果条件全都满足，则答案正确，相应的代码如下：

```
print(" 求解题目：今有物，不知其数。三三数之剩二，五五数之剩三，七七数之剩二。问物几何？ ")
answer = int(input(" 请输入你的答案：")）
if (answer % 3 == 2) and (answer % 5 == 3) and (answer % 7 == 2):
    print(" 你输入的答案 ",answer," 符合条件！ ")
else:
    print(" 你输入的答案 ",answer, " 不符合条件！ ")
```

用户输入答案 23 和 24 时，相应的运行结果如图 3-51 和图 3-52 所示。

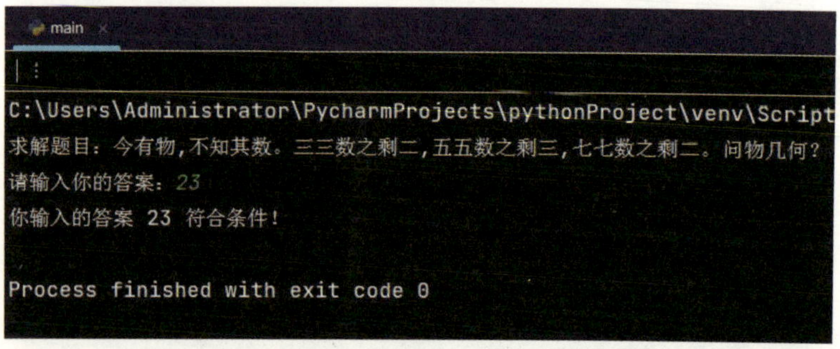

图 3-51　输入正确答案时的程序运行结果图

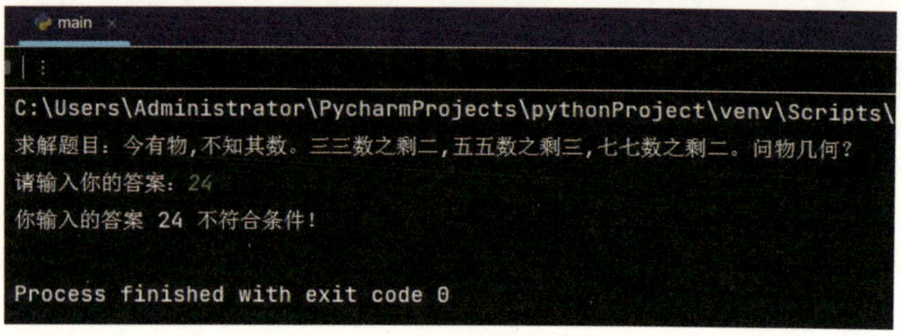

图 3-52　输入错误答案时的程序运行结果图

3.if…elif…else

在 Python 语言中，除了 if 条件语句和 if…else 语句外，还有专门用于多选一的语句，即 if…elif…else 多分支选择语句，通常表现为“如果满足某种条件，就会进行某种处理，否则，如果满足另一种条件，则执行另一种处理……”。多分支选择语句的基本语法格式如下：

```
if 表达式 1：
    语句块 1
elif 表达式 2：
    语句块 2
elif 表达式 3：
    语句块 3
...
else:
    语句块 n
```

同样，多分支选择语句中的表达式可以是单纯的布尔值或变量，也可以是比较表达式或逻辑表达式。如果表达式为真，则执行该语句；而如果表达式为假，则跳过该语句，进行下一个 elif 的判断，只有在所有表达式都为假的情况下，才会执行 else 后的语句块 n。

另外，由于多分支语句是从上往下执行的，表达式 1 不成立才会接着判断表达式 2，一直到所有表达式都不成立才会执行 else 中的语句块 n，换句话说，从上往下首次出现表达式成立都会且只会执行对应的语句块，后面的表达式无论是否成立都不会再执行其他分支的语句块。

例如：把学生的成绩分成多个档次，不低于 90 分为优秀，80 分至 90 分为良好，70 分至 80 分为中等，60 至 70 分分为合格，否则为不合格，对应的实现代码如下：

```
score = int(input(" 请输入你的成绩：")) # 判断 score 中的成绩档次
if score >= 90:
    print(" 您的成绩为优秀！ ")
elif score >= 80:
    print(" 您的成绩为良好！ ")
elif score >= 70:
    print(" 您的成绩为中等 ")
elif score >= 60:
    print(" 您的成绩为合格！ ")
else:
    print(" 很遗憾，不及格！ ")
```

上述代码中，假设学生的成绩 score 为 85 分，则“score >= 80”和“score >= 70”以及“score >= 60”三个条件同时成立，但由于“score >= 80”最先被执行，因此最终执行的语句为“print(" 您的成绩为良好！ ")”

4.if语句的嵌套

当项目的功能比较复杂时，直接使用前面所讲的三种条件语句都不好实现，此时就需要将它们进行嵌套来实现更加复杂的条件分支结构。Python 中的 if 语句的嵌套非常灵活，三种语句都可以互相嵌套，或者自身多重嵌套。

在最简单的 if 语句中嵌套 if...else 语句，其基本格式如下：

```
if 表达式 1：
    if 表达式 2：
        语句块 1
    else:
        语句块 2
```

在 if...else 中嵌套简单的 if 语句和 if...else 二分支语句，对应的形式如下：

```
if 表达式 1：
    if 表达式 2：
        语句块 1
else:
    if 表达式 3：
        语句块 2
    else：
        语句块 3
```

在使用 if 语句嵌套时，要特别注意控制不同级别代码块的缩进量。

（三）循环语句

生活中很多事情都是无法一次性解决的，比如盖楼，所有高楼都是一层一层垒起来的。还有一些事情必须周而复始地运转才能保证其存在的意义，如公交车、地铁必须每天按时往返于始发站和终点站之间。类似这样反复做同一件事情的情况，我们称之为循环。根据循环结束条件可以分为以下几种形式：

计次循环，重复指定次数后就停止的循环。

带条件的无限循环，即只有当循环条件不成立才停止的循环。

无条件循环，也叫死循环，只有设备断电或关机才能停止的循环。

1.while循环

while 循环是通过一个条件来控制是否继续反复执行循环体中的语句。while 循环的基本语法如下：

```
while 条件表达式:
    循环体
```

其中，循环体是指一组被重复执行的语句块，它可以是一条语句，也可以是多行语句。当条件表达式的返回值为真时，执行循环体中的语句，执行完毕后，重新判断条件表达式的返回值，直到表达式返回值的结果为假时，退出循环。

例如，利用 while 循环来求解《孙子算经》中的题目：今有物，不知其数。三三数之剩二，五五数之剩三，七七数之剩二。问物几何？

相应的代码如下：

```
unresolved = True   # 变量 unresolved 为真则代表还未找到问题的答案
num = 0   # 用于存放计数值
while unresolved:   # 如果 unresolved 变量的值为真就一直循环
    # 判断三个除法求余的结果是否同时成立
    if (num % 3 == 2) and (num % 5 == 3) and (num % 7 ==2):
        print(" 第一个符合条件的数字为：", num)   # 输出答案
        unresolved = False   # 把变量设置为 False，用于结束循环
    else:
        num += 1   # 若没找到答案就把数字加 1，逐 1 验证是否符合条件
```

执行结果如图 3-53 所示。

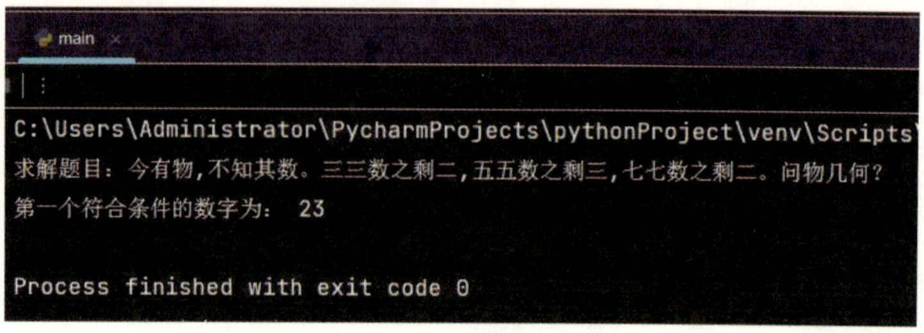

图 3-53　解题运行结果

2.for循环

for 循环是一个依次重复执行的循环。通常适用于枚举或遍历序列，以及迭代对象中的元素。for 循环的语法如下：

```
for 迭代变量 in 对象:
    循环体
```

其中，迭代变量用于保存读取出的值；对象为要遍历或迭代的对象，该对象可以是任何有序的序列对象，如字符串、列表和元组等；循环体则是一句或一段需要被重复执行的语句。

用法 1：利用 for 循环进行数值循环。

for 循环最基本的应用就是数值循环。例如，要实现从 1 到 100 的累加求和，可以借助 for 循环来实现，相应的代码如下：

```
print(" 求 1+2+3+……+100 的和是多少：")
sum = 0    # 用于保存累加结果的变量，初始化为 0
for i in range(101):    # 循环 100 次
    sum += i    # 实现累加功能
print(" 累加和的结果为：", sum)    # 循环结束后输出结果
```

在上述代码中使用了 Python 内置的一个函数 range()，它的作用是生成一系列连续的整数，常和 for 循环语句结合使用。rang() 的语法格式如下：

```
range(start,end,step)
```

其中，括号内的 start、end 和 step 表示函数 range() 的三个参数，各参数的相关说明如下：

（1）start，用于指定计数的起始值，可以省略，省略则从 0 开始计数。

（2）end，用于指定计数的结束值（但不包括该值本身，如 range(5) 得到的值为 0—4，不包括 5），该值不能省略。当 range() 函数内只有一个参数时，该参数就表示计数的结束值。

（3）step，用于指定步长，即两个数之间的间隔，可以省略，若省略则表示步长为 1。

例如，使用 for 循环和 range() 函数写代码求解《孙子算经》中的题目：今有物，不知其数。三三数之剩二，五五数之剩三，七七数之剩二。问物几何？

若想找出 500 以内符合条件的数字，可通过以下代码实现：

```
print(" 求解题目：今有物，不知其数。三三数之剩二，五五数之剩三，七七数之剩二。问物几何？ ")
for i in range(501):    # 参数 501 表示遍历区间 [0,501) 内的所有整数
    if (i % 3 == 2) and (i % 5 == 3) and(i % 7 == 2):
        print(" 数字 ", i ," 符合条件！ ")
print(" 以上为 500 以内符合条件的所有数字 ")
```

运行结果如图 3-54 所示。

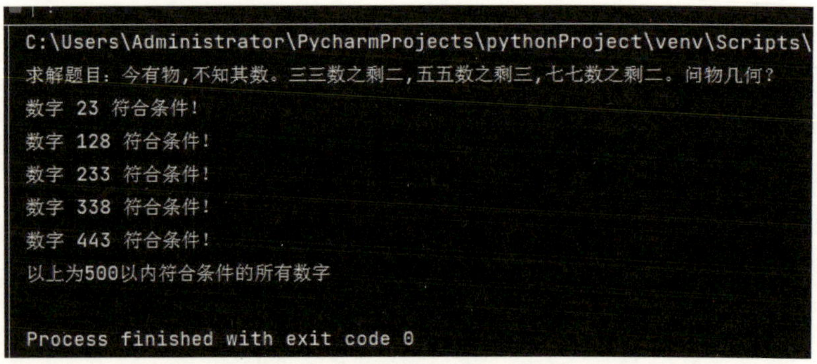

图 3-54　500 以内符合条件的数字

用法 2：利用 for 循环遍历字符串

使用 for 循环除了用来循环数值外，还可以用来遍历字符串、列表、元组和字典等序列中的字符串。例如，下面的代码可以将横向显示的字符串转换成纵向显示：

```
str = " 三人成众 "
print(" 原话为：",str)
print(" 转换成纵向输出如下：")
for ch in str:    # 从 str 中将字符逐个逐个读出来并赋值给 ch
    print(ch)    # 将 ch 进行结果输出
```

运行结果如图 3-55 所示。

图 3-55　字符串遍历输出

3.循环嵌套

在 Python 中，在一个循环体中嵌入另外一个循环会形成循环嵌套。for 循环和 while 循环都可以互相进行嵌套，也可以自我嵌套。

例如，在 while 循环中套用 while 循环的格式如下：

```
while 条件表达式 1：
    while 条件表达式 2：
        循环体 2
    循环体 1
```

在 for 循环中套用 for 循环的格式如下：

```
for 迭代变量 1  in 对象 1：
    for 迭代变量 2 in 对象 2：
        循环体 2
    循环体 1
```

在 while 循环中套用 for 循环的格式如下：

```
while 表达式：
    for 迭代变量 in 对象：
        循环体 2
    循环体 1
```

在 for 循环中套用 while 循环的格式如下：

```
for 迭代变量 in 对象：
    while 条件表达式：
        循环体 2
    循环体 1
```

（四）跳转语句

当循环条件满足时，程序将会一直执行下去，就像一辆迷路的车在某个区域不停地转圈。如果希望通过代码控制程序在循环结束前跳出循环，有两种方法可以做到，一种是使用 continue 语句直接跳到下一次循环，另一种就是使用 break 直接结束循环。

1.break语句

break 语句可以终止当前循环，包括 while 循环和 for 循环中的所有控制语句。break 语句一般跟 if 语句搭配使用，表示在某种条件下跳出循环。如果是用在嵌套循环中，break 语句将跳出最内层的循环。

在 while 语句中使用 break 语句的形式如下：

```
while 条件表达式 1：
    执行代码
    if 条件表达式 2：
        break
```

其中，条件表达式 1 为 while 循环的执行条件；条件表达式 2 表示每次循环都需要判断一次是否满足循环结束条件，若满足则执行 break 跳出当前循环。

在 for 语句中使用 break 语句的形式如下：

```
for 迭代变量 in 对象：
    if 条件表达式：
        break
```

其中条件表达式用于判断何时调用 break 语句跳出循环。

2.continue语句

continue 语句的作用跟 break 类似，但它只能提前终止本次循环而提前进入到下一循环中。continue 语句一般也与 if 语句搭配使用，表示在某种条件下跳过当前循环的剩余语句（即循环体中 continue 语句之后的语句），然后继续进行下一轮循环。在多重嵌套循环中，continue 语句将只跳过最内层循环中的剩余语句。

在 while 语句中使用 continue 语句的形式如下：

```
while 条件表达式 1：
    执行代码
    if 条件表达式 2：
        continue
```

在 for 语句中使用 continue 语句的形式如下：

```
for 迭代变量 in 对象：
    if 条件表达式：
        continue
```

3.break和continue作用对比

continue 和 break 的用法和功能都相似，许多初学者容易混淆它们的作用。下面以“逢 7 拍腿”游戏（多个人一起游戏，从 1 开始报数，当报的数为 7 的倍数或者尾数为 7 时不报数，改用拍腿代替）统计拍腿次数作为模拟场景来说明它们的区别。

实例 1：统计从 1 到 100（不含 100）之间总共拍腿多少次，即有多少个数是 7 的倍数或尾数为 7，求解的代码如下：

```
print(" 统计从 1 到 100（不含 100）之前总共拍腿多少次。")
clap_num = 0    # 用于存放拍腿次数，初始为 0
for num in range(1,100):
    # 除以 7 余数为 0 表示 7 的倍数，除以 10 余数为 7 表示尾数为 7
    if (num % 7 == 0) or (num % 10 == 7):
        clap_num += 1
        continue   # 跳过当次循环中剩余代码，直接开始下一轮循环
    print(" 当前报数为 ", num)    # 模拟报数
print(" 从 1 到 100 报数过程中总共拍腿：", clap_num," 次 ")
```

运行结果如图 3-56 所示，由于版面限制，下图中已将部分报数隐藏。

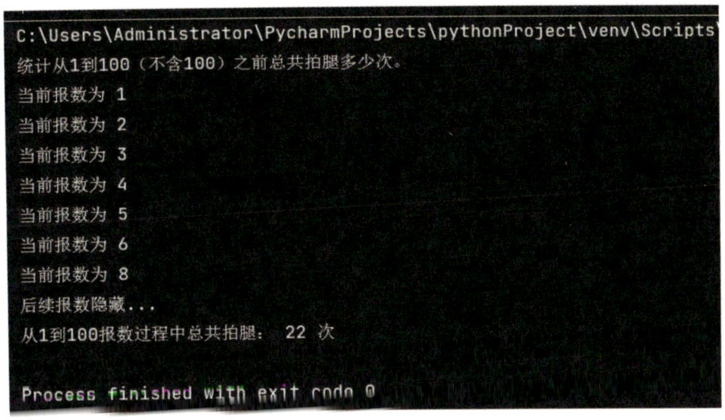

图 3-56　统计 1 到 100 过程中的拍手次数

实例 2：一直往上报数，直到累计拍腿次数达到 20 次时停下，此时报到了哪一个数？求解的代码如下：

```
print(" 编程求解拍手 20 次时报数到多少？ ")
clap_num = 0    # 存放拍腿次数，初始为 0
num = 0
while True:
    num += 1    # 报数值累加
    if (num % 7 == 0) or (num % 10 == 7):    # 判断是否需要拍腿
        clap_num += 1
    if clap_num == 20:    # 拍腿次数到 20 时用 break 结束循环
        break
print(" 求解结果：拍腿 20 次时报数为 ", num)
```

运行结果如图 3-57 所示。

```
C:\Users\Administrator\PycharmProjects\pythonProject\
编程求解拍腿20次时报数到多少?
求解结果：拍腿20次时报数为 91

Process finished with exit code 0
```

图 3-57　“逢 7 拍腿”游戏拍腿 20 次时的报数

四、Python 中的函数

（一）函数概述

生活中有很多事情其实一直在重复，同样，产品中的许多功能也是相似甚至完全相同的。对于一些完全相同的功能且需要多次执行的情况，我们可以借助循环结构实现，这样可以大大缩减程序的代码量。但是对于多次执行但并不是完全重复，或者功能相似但并不完全相同的功能就不能简单地用循环去重复。例如，要统计全班每个同学的各科平均成绩，虽然每次求平均值都是加法和除法的运算，但由于每个同学的各科成绩不一样，这种情况下如果把代码简单地重复是无法求得每位同学的平均成绩的。此时应该先把功能中不变的部分用代码表述，再把变化的部分作为参数（变量），将它们封装成一个函数供后面代码随时调用。

编程语言中的函数与数学中的函数稍有不同，数学函数强调的是输入和输出之间的映射关系，也就是对应法则 f。而编程语言中的函数主要有两种作用，第一种是侧重于函数的执行结果，即根据指定输入值（实际参数）得到输出值（返回值），另一种是侧重于执行函数的功能，即把函数中的代码执行完毕就可以。例如，前面学到的 input() 函数和 range() 函数需要返回结果，属于函数的第一种应用；print() 函数不需要返回值，只需要执行完输出功能即可，属于函数的第二种应用。

在编写程序时，对于已有的内置函数或第三方函数按规范调用即可。但在项目开发过程中，经常还会根据需要创建一些新的函数并重新定义函数功能。

（二）创建函数

创建函数也称为定义函数，可以理解为创建一个具有某种用途的工具。使用 def 关键字实现，具体的语法格式如下：

```
def FunctionName([parameterlist]):
    ['''Comments''']
    FunctionBody
```

其中，FunctionName 为函数名，在调用函数时使用；parameterlist 为可选参数，用于指定需要向函数传递的参数，如果有多个参数则用“,”隔开，如果不指定参数则代表该函数没有参数，也就是不需要输入值，调用时无需传递参数；Comments 为可选参数，表示函数的指定注释，其作用是说明该函数的功能和用法，可以为用户提供友好提示和帮助等内容。FunctionBody 为函数体，也就是函数被调用时需要执行的功能代码，如果函数有返回值，则需要在函数体末尾使用 return 语句指定返回值，返回值数据可以是任意类型，返回值数量上可以为单个也可以为多个，且无论 return 语句出现在函数体中的什么位置，只要执行到 return 语句，函数就会结束执行并返回结果。

return 语句的语法格式如下：

```
return [value]
```

其中 value 为可选参数，用于指定要返回的值，可以是一个值，也可以返回多个值（元组），返回多个值时使用逗号分隔，在调用该函数时需要使用相应数量的变量去存放返回值。如果在函数体中没有 return 语句，或者省略了 return 语句的参数时，将返回空值 None，即没有返回值。

另外要注意的是，即使函数没有参数，函数名后面的括号“()”也不能省略；函数的注释 Comments 和函数体 FunctionBody 相对于 def 关键字必须保持缩进的一致性。

（三）调用函数

调用函数也就是执行函数。如果把创建的函数理解为制造出一个具有某种用途的工具，那么调用函数就相当于使用该工具。调用函数的基本语法格式如下：

```
FunctionName([ParametersValue])
```

其中 FuctionName 为要调用的函数名，该函数必须是已经创建好的，包括用户自定义函数、系统内置函数和第三方模块中的函数等。ParametersValue 为可选参数，用于指定各个参数的值。如果需要传递多个参数值，则各参数之间使用逗号“,”分隔。如果该函数没有参数，则直接写一对小括号“()”即可。

如果函数没有返回值则直接执行即可，如果函数有返回值则需要使用变量接收对应的返回值。例如，使用 input() 函数接收用户输入的数字，并把这个数字乘以 2 后使用 print() 函数输出，相应的代码如下：

```
num = int(input(" 请输入数字：")) # 用 num 接受 input( ) 函数的返回值
num = num * 2 # 将数字乘以 2
print(" 你输入的数字乘以 2 为 ",num) # print ( ) 无返回值，执行即可
```

（四）函数应用举例

例如，以学生成绩管理系统中的相关功能为基础，综合利用自定义函数和前面所学过的知识，编程实现以下功能：

1. 能计算语文、数学和英语三科成绩的平均值；

2. 根据平均值将学生成绩分成优秀、良好、中等、及格和不及格五档；

3. 调用函数统计用户输入学生的平均成绩和归档情况。

对应的代码如下：

```
def average(subject1,subject2,subject3):
    '''
    功能：根据三科成绩求平均分，并根据平均分进行成绩分档
    subject1: 第 1 个科目的成绩
    subject2: 第 2 个科目的成绩
    subject3: 第 3 个科目的成绩
    返回值：avg 代表平均成绩，level 为归档的中文字符，从高到低为优秀、良好、中等、及
格和不及格
    '''
    avg = int((subject1 + subject2 + subject3) / 3)    # 求平均成绩并向下取整
    if avg >= 90:    # 用 if...elif...else 构成的多选一分支语句，用来将成绩分成 5 档
        level = " 优秀！ "
        return avg, level
    elif avg >= 80:
        level = " 良好！ "
        return avg, level
    elif avg >= 70:
        level = " 中等！ "
        return avg, level
    elif avg >= 60:
        level = " 及格！ "
        return avg, level
    else:
        level = " 不及格！ "
        return avg, level
name = input(" 请输入学生的姓名：")# 接受用户输入学生姓名成绩等信息
chinese = int(input(" 请输入该生的语文成绩："))
maths = int(input(" 请输入该生的数学成绩："))
english = int(input(" 请输入该生的英语成绩："))
avg,level = average(chinese, maths, english)    # 调用自定义函数，传递三科成绩，并接受返回值
print(" 学生 ",name," 的平均成绩为 ",avg," 分，对应的级别为 ",level)
```

相应的运行结果如图 3-58 所示。

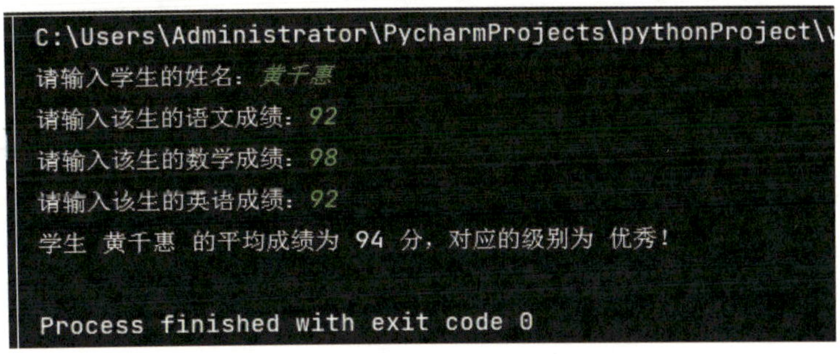

图 3-58　利用自定出函数统计成绩及归档

五、编程练习

1. 编写程序，实现根据当天的总步数计算走过的路程和消耗的热量值。假设每一步步长为 0.7 米，每走一步消耗的热量值为 28 卡路里。

2. 根据 FPH 遗传身高预测公式，编程实现根据父亲和母亲的身高预测子女身高的功能。其中 FPH 相应的公式如下：

男孩身高（cm）：45.99+0.78 × (父亲身高 + 母亲身高) ÷ 2 ± 5.29

女孩身高（cm）：37.85+0.75 × (父亲身高 + 母亲身高) ÷ 2 ± 5.29

3. 编程实现幸运数字评估功能，要求用户输入一个四位数的数字，判断该数字是否同时满足以下条件：百位数字大于千位数字，十位数字大于百位数字，个位数字是其他三位数字的和。如果同时满足，则该数字是幸运数字，否则不是。

4. 某个公司采用公用电话传递数据，数据是四位的整数，在传递过程中是加密的，加密规则如下：每位数字都加上 5，然后用除以 10 的余数代替该数字，再将第一位和第四位交换，第二位和第三位交换。编程实现该功能，并测试输入一个四位数后求出该数加密后的数字。

5. 用户连续输入 10 个整数，使用循环语句和条件判断语句，求出这 10 个数的最大值打印输出。

6. 模拟软件系统的用户登录操作，编程实现以下用户功能：

登录时输入用户名和密码。

判断用户名和密码是否正确（如 name="Jenny",password="1368"），验证通过则提示登录成功，否则提醒用户“账号或密码错误，请重新输入！”。

登录试错机会仅有三次，超过 3 次退出。

7. 设计一个猜数字游戏，提示用户按“Enter”键开始游戏，游戏开始后随机生成一个 1—100 之间的数字作为基准数，玩家每次通过键盘输入一个数字，如果输入的数字和基准数相同，则成功过关，否则告诉玩家是“太大了！”或“太小了！”，并提醒用户重新输入，直到成功为止。一局游戏结束时用户可以选择退出游戏还是重新开始新一轮游戏。

提示：生成随机数需要用到 random 模块中的 randint 函数。

```
import random
random.randint(0, 101)
```

8. 根据图 3-25 中的案例的功能说明和程序流程图，编程实现智能补光灯的灯光控制功能。

第四章　基于空气加湿器产品案例分析

第一节　空气加湿器的功能分析

第二节　功能硬件选型

第三节　加湿器的功能实现

第四节　加湿器造型及结构设计要求

第四章　基于空气加湿器产品案例分析

本章概述

本章以空气加湿器的设计为例，第一节主要从用户需求出发对空气加湿器的功能和实现思路进行了分析；第二节根据空气加湿器的各个功能依次分析了相关硬件的选择思路和选择结果；第三节根据选择的各种硬件模块，简单介绍了空气加湿器硬件电路的搭建方法，并融合“云物大智”等知识构建了空气加湿器系统的整体架构图；第四节从功能要求和技术限制角度阐述了加湿器外观造型设计和内部结构设计的基本思路。

学习目标

以典型的智能家居产品——空气加湿器为例，使学生理解和掌握智能产品设计过程中用户需求和功能设计、具体功能实现与相关硬件模块选择、智能产品硬件系统和软件系统框架搭建等相关知识；让学生能结合具体产品的需求，理解产品的使用场景、功能需求和技术参数限制等因素对产品造型设计和结构设计的影响。

第一节　空气加湿器的功能分析

一、空气加湿器简介

随着经济的发展和人民生活水平的提高，人们对生活质量和健康的要求愈来愈高。良好的空气环境能带给人体各种益处。医学研究表明，当空气湿度在45%—65%，温度在20℃—25℃时，人的生理状况、精神状况和思维活跃度都处在最佳状态，无论工作、学习或休息都容易达到理想的效果。对于空气来说，空气质量、空气温度和相对湿度是环境的主要影响因素，其中，空气温度很容易被人体感知；空气质量主要由空气中的污染物浓度高低来判断，当空气质量较差时也有多种方式感知；而空气相对湿度由于对人体的即时危害较小，往往最容易被忽视。如冬天天气干燥，空气湿度达不到标准湿度时，干燥的空气环境会导致人体水分流失，加速皮肤的衰老，同时环境相对湿度过低可使人的呼吸系统抵抗力下降，容易诱发和加重呼吸系统疾病，白喉、流感、百日咳、脑膜炎、哮喘、支气管炎等的发病率显著增加。此外，合适的温湿度也有利于保护室内装修，延长家装的使用寿命。当然，湿度也并非越高越好，当相对湿度过高时也会加速热传导，导致室内空气中的水分凝结在各种冷表面上，使人感觉阴冷抑郁的同时，许多霉菌、蛀虫的生长繁殖速度也会显著增强，对人体健康和居住环境也会带来很大的负面影响。

在这样的背景下，空气加湿器慢慢走进了千家万户，成为干燥地区家庭不可或缺的一种小型家电产品，它能够把室内空气调节到理想的湿度，可护家人的健康，延长家居用品寿命。当然，空气加湿器在我国仍属于新兴产物，据相关部门统计，我国加湿器产品的人均占有率远远低于美国、韩国、日本等国家。我国幅员辽阔，各地气候差距较大，针对我国各地的气候特点加大对空气加湿器的研究与开发的力度，将有利于国内空气加湿器行业的发展，有利于国民生活品质的提高和国民健康水平的提升。为了满足各类人群对加湿器功能和审美功能的个性需求，空气加湿器产品的功能特色、外观造型和产品材质等都还有巨大的提升空间。智能加湿器的常见造型及功能如图 4-1 所示。

二、用户功能及实现思路

（一）空气加湿功能

适当的温湿度，可以使人体感觉更加舒适，促进皮肤表皮细胞血液循环和新陈代谢，延缓皮肤衰老；同时可以避免因空气干燥引发的哮喘、肺气肿和气管炎等多种呼吸道疾病；延缓家具装饰物老化，摆脱静电干扰等。加湿器作为一种增加空气湿度的家用电器，增加湿度、保持空气湿润是它最基本也是最核心的功能。其核心思路为将液态纯净水通过超声波、电加热等方式转换成气态水雾，并通过内置的小型风扇将水雾吹送至周边环境，增加环境空气湿度，同时，集成湿度传感器检测环境湿度，当湿度达到设定值时停止加湿工作；另外还要集成缺水检测功能，当液态水用完时能够自动检出，在停止加湿的同时能够以声、光等形式通知用户加水，即加湿功能包含了雾化控制、吹送控制、湿度控制和缺水保护四个环节。

图 4-1　智能除菌加湿器

（二）空气净化功能

加湿器能有效增加室内空气湿度，滋润干燥空气，并与空气中飘浮的烟雾和粉尘结合使其沉淀，能有效除去油漆味、霉味、烟味及臭味等，使空气更加清新。同时，超声波雾化技术的振荡频率每秒可达百万次，可以将液态水转换成微米级的细小液滴颗粒，其中包含大量负氧离子，空气中足量的负氧离子对人体的神经系统、血液系统、心血管系统有许多好处，保障用户及其家人的健康。此外，在空气净化器中集成杀毒功能，通过波长约 253.7nm 的 UVC 短波紫外线对细菌、病毒等微生物的照射，破坏微生物机体中的 DNA 和 RNA 分子结构，造成生长性细胞死亡和再生性细胞死亡，达到有效抑制细菌、病毒和霉菌等微生物滋生的目的。即空气净化功能包括了祛除空气微颗粒、产生负氧离子和除菌消毒等功能。

（三）香薰理疗功能

纯天然的植物精油具有与人体相同的构成物质及生命能量，对人体具有莫大的好处，因此又被称作“植物的荷尔蒙”。植物精油主要功效包括：气味芬芳，自然的芳香经由嗅觉神经进入脑部后，可刺激大脑前叶分泌出内啡肽及脑啡肽两种荷尔蒙，使大脑呈现舒适放松的状态；另外，不同的植物精油具有可防传染病、抗病毒、抗菌和抗微菌、防腐、消炎、抗神经痛、防止风湿、抗痉挛、解毒、抗忧郁、镇静、止痛、帮助消化、祛痰、除臭、利尿、促进伤口愈合、促进循环和促进细胞新陈代谢及细胞再生等功效，不同人群可以选用不同的植物精油进行针对性疗养；同时，部分精油能调节内分泌器官，促进荷尔蒙分泌，调整人体的生理及心理状态；另外，精油的分子极细、渗透力高，因此能极为有效地进出身体，而不会留下毒素。

在加湿器中的储水箱中通过添加不同类型的植物精油或各种药液，加湿器工作过程中精油药液会随水雾散发并充溢整个空间，方便人体吸收，一定程度上具有治病养神，保健理疗效果。针对失眠、感冒、哮喘等易感人群的身体特点，搭配合适的精油配方，对于预防疾病发作、改善用户体质具有较好的辅助效果。例如，在水箱中加入薰衣草精油可提高睡眠质量，加几滴花露水可缓解鼻塞，加入淡盐水可缓解喉咙痛和慢性咽炎，加几滴柠檬精油可以美白皮肤，加入食醋可预防感冒等。当然，具体的用法和用量还需遵循专业人员的指导意见。

（四）装饰功能

随着人们物质生活条件的提高和审美水平的提升，家庭装修中的设计美学水准越来越高，在完成硬装修后，很多家庭会通过搭配各种软装饰和家具家电产品对居室进行二次陈设与布置。在进行加湿器的外观造型设计时，要求在满足用户和填补市场空缺的基础上，从设计造型和风格上的百搭性、摆放方式的多样性、使用上的便利性等方面对产品进行创新设计。

（五）智能联动

现在是万物互联的物联网时代，要求加湿器支持通过 Wi-Fi 连入互联网，并能够跟云平台进行数据通信；同时开发 Web 端和手机 App 端对加湿器进行操作管理，即使用户不在家也可通过手机 App 或 Web 端随时控制家中的加湿器。Web 端和 App 端应包括远程开关机、定时开关机、缺水提醒、风力设置、目标湿度设置、当前温湿度查看和固件升级等功能。

（六）其他功能

除了上述功能外，还需要考虑一些辅助性功能的设计、实现及接口预留。包括用作水量、电量显示的指示灯，用于查看定时时长、风力档位、查看当前温湿度等信息的显示屏，用于实现开关机、定时、风力档位调节的各种功能按键，以及为加湿器供电的直流电源接口，或者电池仓及配备的充电接口。

知识拓展

室内空气质量指的是在一定时间和一定空间范围内，空气中所含有的各项检测物达到一个稳定的检测值。它是衡量环境健康和适宜居住的重要指标，检测对象有4项物理性指标（温度、相对湿度等）、16项化学性指标（二氧化硫、二氧化氮和一氧化碳等）、1项生物性指标（菌落总数）和1项放射性指标（氡^{222}Rn），它是一套综合数据，能够充分反映一片区域内的空气状况。

除了温度和相对湿度会影响宜居性外，造成空气污染最主要的三项指标包括：

总悬浮颗粒物：大气中的总悬浮颗粒物主要来自建筑扬尘、工业废气、交通尾气和各种物质燃烧，总悬浮颗粒物中含有可损害人体神经系统的铅、汞、锰等，以及可致癌的苯并芘、砷和铬等，同时这些颗粒能吸附多种有害气体和细菌。

二氧化硫：主要由燃煤排放引起，它在大气中会氧化形成硫酸盐气溶胶，其毒性为二氧化硫的10倍以上，对人体会引起胸闷、眼睛刺激、呼吸困难甚至呼吸功能衰竭等症状，对环境会使降水变成酸雨，使水质和土壤酸化，破坏生态环境。

氮氧化物：有一氧化氮和二氧化氮两大类，主要由机动车尾气排放造成，它们容易引起气管炎、肺炎和肺气肿等呼吸道疾病，进入人体后还可能导致缺氧症状，甚至变成强致癌物亚硝酸氨。

虽然空调、空气净化器和空气加湿器等电器设备都能改善居住空间内空气状况，但要想真正改善空气质量，需要全人类共同努力，从源头上减少甚至杜绝空气污染源的产生，创造一个干净的地球。

第二节　功能硬件选型

一、雾化加湿功能

加湿功能是本产品的核心功能，包含了雾化控制、吹送控制、湿度控制和缺水控制四个环节。其实现思路是选用超声波雾化片将液态纯净水进行雾化，再借助小风扇将水雾吹送扩散到周围空气中，当湿度传感器检测到环境湿度达到指定阈值时，雾化片停止工作。在加湿过程中，如果加湿器中的水位传感器检测到水箱中水量不足，也会停止加湿工作，并以声、光警告等形式提醒用户加水。其中用到的硬件模块包括超声波雾化片、湿度传感器、水位传感器，直流风扇等。

目前，主流的加湿方式包括超声波雾化技术、分子筛蒸发技术和电加热蒸发技术等。考虑到整体的使用效果及成本，可以选用一款超声波微孔雾化片作为加湿手段，该模块及其尺寸情况如图 4-2 所示，雾化片的陶瓷片表面涂有特殊釉层保护层，能耐酸碱，防止银层被液体腐蚀氧化。

其基本参数及特性如下：

雾化片钢片净直径：16mm。

硅胶圈外径：20mm。

连接线长：80mm。

供电电压：DC 5V。

最大电流：300mA。

额定功率：2W。

振荡频率：108KHz。

微孔孔径：5 μm。

在进行实际应用时，还需要给雾化片发送驱动控制信号才能正常使用。通常可以使用配套的驱动线路板，也可以自行设计驱动电路板及其配套的程序来使用。配套的驱动线路板及其线路连接情况如图 4-3 所示。

二、湿度控制功能

为防止室内湿度过高，通常要给加湿器搭配一个湿度传感器检测空气湿度，当湿度达到用户设定值时让加湿器停止工作。由于在考虑用户体感舒适度时经常会同步考虑温度和湿度，因此在这里可以选用 DHT11 温湿度传感器，如图 4-4 所示。这款

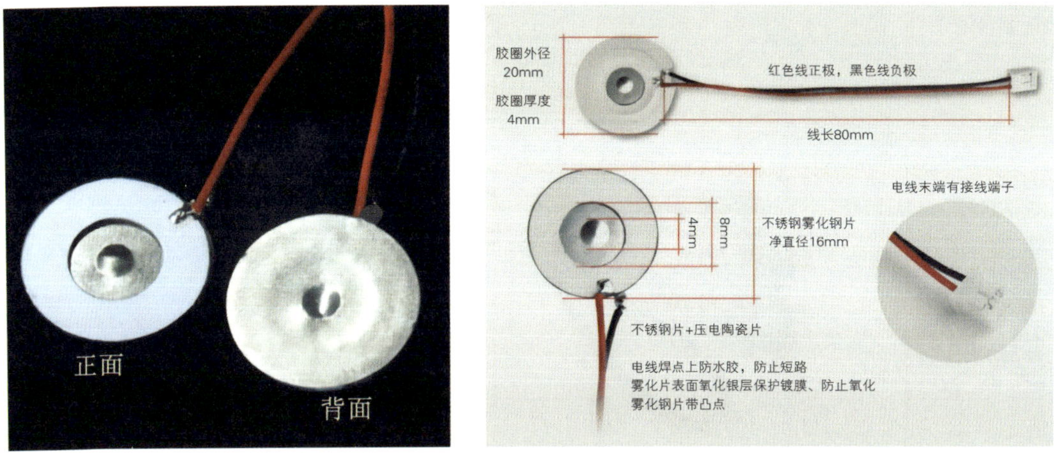

图 4-2　超声波雾化片及其尺寸情况

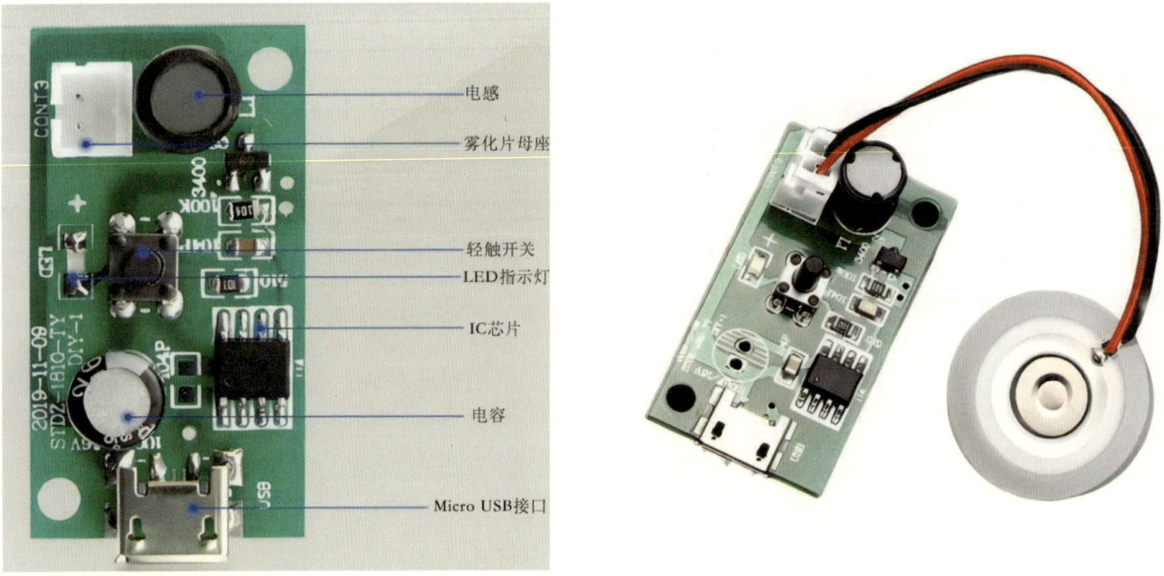

图 4-3　雾化片驱动线路板及其接线情况

传感器具有温度检测功能和湿度检测功能，可以对加湿器周边环境的温湿度进行检测，其主要参数及特性如下：

可以检测周围环境的湿度和温度。

湿度测量范围：20%—95%（0℃—50℃范围内），测量误差：±5%。

温度测量范围：0℃—50℃，温度测量误差：±2℃。

工作电压：3.3V—5V。

输出形式：数字输出。

传感器尺寸：12.5mm×16mm×5.8mm。

小板 PCB 尺寸：32mm×14mm。

每套重量：约 8g。

三、缺水保护功能

加湿器在工作的过程中是一直在消耗水的，当水箱中的水用完的时候就应该停止工作，即应该具备缺水保护功能。由于加湿器的水箱一般比较小，因此对液位检测传感器的选择需要考虑体积大小及液位检测精度等问题。基于此，可以选用一款具有 14mm 高精度液位传感器作为水箱水位检测装置，其实物图及特性如图 4-5 所示。

该液位传感器体积很小，检测精度高达 ±1mm，待机功耗超低，防尘防水等级达 IP67，且成本低、体积小，传感器探头部分高约 5.5mm，直径 21.5mm。其实物尺寸型态如图 4-6 所示。

图 4-4　温湿度传感器 DHT11 及其延长接线板

产品名称：光电式液位传感器
产品功能：缺水提醒/满水提醒
产品特性：无机械运动，环保可靠
检测精度 ±1mm
探头防水达IP67
体积小，成本低
超低待机功耗
可定制线材规格
符合RoHS要求
可定制
应用领域：加湿器/饮水机/洗手液
医疗设备/漏液报警
需要侦测液体的电器与设备

图 4-5　液位检测传感器

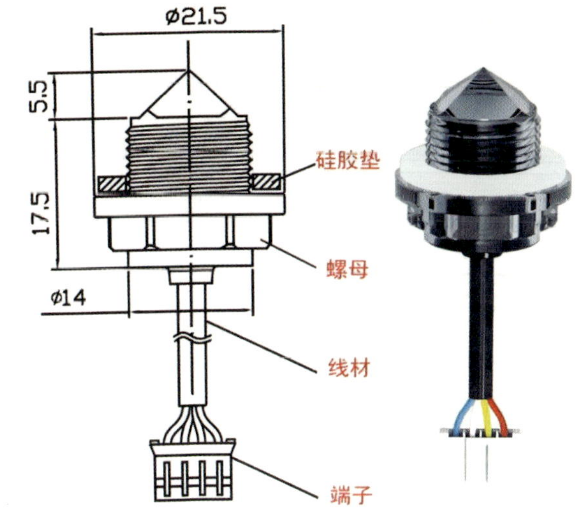

图 4-6 液位传感器实物型态及尺寸图

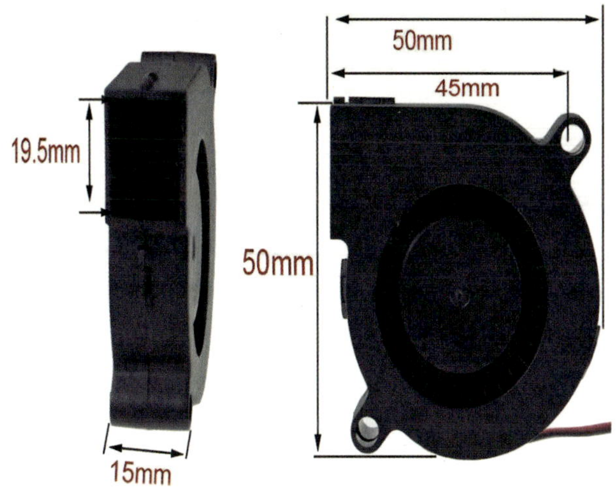

图 4-8 静音防水微型鼓风机

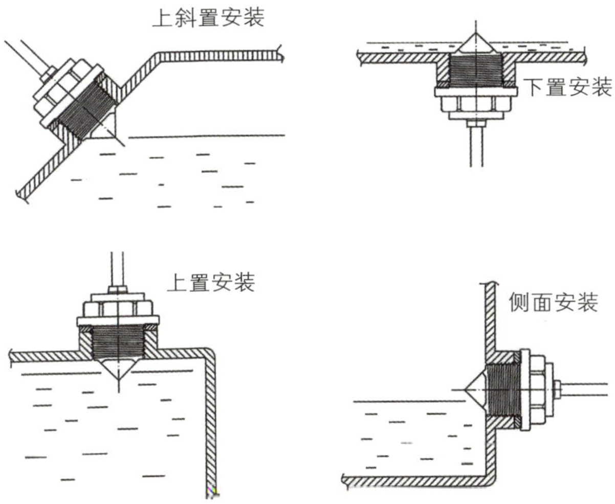

图 4-7 液位传感器的四种常见安装方法

该液位传感器根据实际应用的需要可以有多种安装方式，常见的安装包括上斜置安装、下置安装、上置安装和侧面安装四种，如图 4-7 所示。在进行产品造型及内部结构设计过程中，要注意该传感器的尺寸型态限制及安装孔位预留。

四、风力控制功能

在超声波雾化片将纯净水转换成雾气后，为了将雾气快速吹送到加湿器所处的附近空间内，需要在加湿器内部设计、安装一个小型直流风扇。由于加湿器一般都是放置在卧室、车上等狭小的空间内，属于跟用户近距离接触使用的产品，所以加湿器内的直流风扇选择时一定要注意静音；其次，因为加湿器会喷出一些水雾，水雾的存在有一定可能干扰直流风扇的马达，所以加湿器内的风扇需要有防水功能，预防短路和生锈；再次，考虑到大部分加湿器的体积都比较小，对直流风扇的体积大小也有一定限制。在这里以一款具有防水防潮的离心涡轮散热风扇微型鼓风机为例，其实物和尺寸如图 4-8 所示。鼓风机相关参数如下：

额定电压：DC 5V。

额定电流：0.2A。

消耗功率：1W。

转数：4500 ± 10% rpm。

噪音：25dB。

进风口尺寸：32.3mm。

出风口尺寸：20mm × 15mm。

接线方式：红线正极，黑线负极。

另外，在进行加湿器壳体和结构设计时，需要考虑鼓风机的尺寸大小、进风口和出风口的位置与朝向、接线端线路长度等多种因素。

五、消毒功能

由于自来水中含有钙、镁等多种矿物质，长期使用后会导致加湿器喷出的水雾中含有钙镁离子，形成白色粉末污染室内空气，因此使用超声波加湿器时一般不直接添加自来水。另外，就算添加的是纯净水，空气中的各种灰尘等微颗粒也会落入水中，随着加湿器使用时间越来越久，水箱底部会沉淀出水垢、细菌等，若不加以消毒杀菌处理则会对人体造成一定危害。

为了解决这个问题，在设计中通常可以从两个方面入手：一是在水箱设计中采用含有银离子等除菌材料的内胆，达到抑制细菌生长的目的；二是通过在水雾出气口安装 UVC 紫外线杀菌灯，对水雾中含有的细菌进行消杀。

紫外线很容易被细菌和病毒的蛋白质、核酸吸收，可使蛋白质发生变性解离；紫外线还可以破坏病毒和细菌中的 DNA 和 RNA 结构，进而导致细菌和病毒的死亡，实现杀菌消毒的效果，这也是紫外线杀菌消毒的基本原理。而且紫外线杀菌的速度很快，可以在几秒时间内杀死细菌病毒，杀菌效率高达 99%。选择加湿器中的紫外线杀菌灯时，除了要考虑尺寸外，还要考虑它的防水防尘性能。在这里以一款 UVC 深紫外杀菌灯模组为例，其实物及基本参数如图 4-9 所示。该模组为一款用于空气和液体抑菌的静态 LED 灯，适用于带水箱且密闭的腔体结构，可以安装于顶部、侧壁或底部，出光面符合 IP65 的防水要求，可发出波长为 253.7nm 的紫外线，广泛应用于饮水机、空气加湿器、香薰机、宠物饮水机等中小型智能产品领域。

另外，由于 UVC 杀菌灯的灯管容易结垢，时间长了会降低杀菌效果，因此在产品造型和结构设计中要充分考虑杀菌灯管清洗的便利性，可以考虑把它的结构设计成方便用户插拔清洗的结构。当然，采用符合标准的纯净水，并时常清洁加湿器水箱，才是从源头上杜绝水垢及细菌病毒、防止加湿器对身体二次伤害的根本。

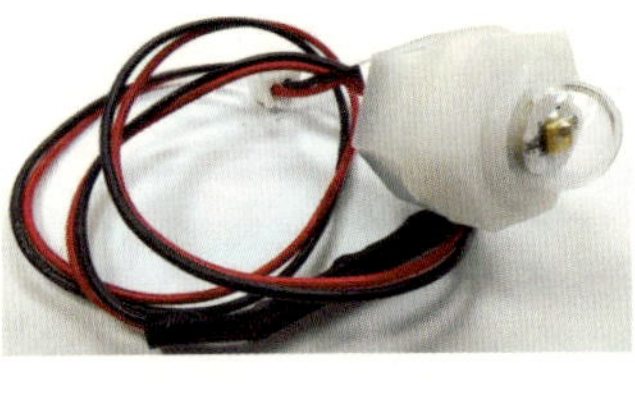

系列：UVC模组
颜色：紫色
波长：260—280nm
光功率：2—5mw
输入电压：c12V/1c24V
工作电流：20—40mA
工作温度：-25℃—40℃
出光角：120°

图 4-9　UVC 深紫外杀菌灯模组及其参数

六、主控制器

有了上述功能模块后，想要让它们完成设定的各种功能，必须要有一个强大的“大脑”来让它们协调工作，这个大脑就是整个系统的主控芯片。由于加湿器需要配套各种传感器、执行装置、输入设备和输出设备，对主控芯片的总线接口、静态随机存储器（SRAM）、Flash 等功能需求比较高。另外考虑到加湿器需要通过手机 App 端和 Web 端远程操控，其主控芯片必然要集成联网所需要的网络通信模块，因此，可以选用物联网领域极具性价比的国产 MCU – ESP32 系列芯片。

ESP32 系列处理器芯片功能极其强大。从功能上看，自带 Wi-Fi 和蓝牙功能是它最大的亮点，它不需要额外的以太网模块或 Wi-Fi 模块，集成度高；搭载了主频 80MHz—240MHz 的双核 CPU，性能强劲；集成了多通道 ADC/DAC、PWM 输出、红外通信等功能；还有通用异步接收发送（UART）、I²C、I²S、SPI、CAN 等多种高级外设接口，可以很方便地外接各种芯片。片内包括 512KB 的片上 SRAM 存储器，还支持 4MB-16MB 的外部存储器。

从某种程度上说，在物联网应用领域中，ESP32 系列芯片优于 STM32 系列芯片，它的算力性能、启动速度、稳定性、耐久度、可操作 I/O 数量及类型，都足以满足各种物联网应用的需要。特别是 ESP32 集成了云、端一体的全链路开发框架，使得加湿器后期实现连接云端服务、手机 App 和 Web 开发非常方便。上海合宙通信科技有限公司基于乐鑫 ESP32-C3 设计的一款核心板，其板面尺寸为 21mm × 51mm，核心板支持 UART、I²C、I²S、SPI 和 CAN 等多种接口，可以根据实际使用需要进行选择。同时开发板支持 LuatOS、乐鑫 IDF、Arduino、MicroPython 等多种开发方式，可以很方便地实现加湿器所需要的各种功能。

七、其他功能模块

除了上述模块外，整个加湿器还需要一些其他外部设备，包括 OLED 显示屏、LED 状态指示灯、功能按键和电源接口等模块。

其中，液晶屏可选用一款大小为 0.96 英寸、像素为 128×64 的 OLED 液晶屏模块，其接口为 I^2C，可视角度大于 160°，实物及尺寸如图 4-10 所示。

状态指示灯可以采用红色、绿色、蓝色等各色发光二极管，其形态和参数如图 4-11 所示。

功能按键可以有很多选择，为了简单易用又好看，可以采用如图 4-12 所示的定制式薄膜开关面板。

考虑到加湿器内置电子元件较多，功耗较大，可以采用 DC 直流源方式供电，其实物形态及尺寸如图 4-13 所示。

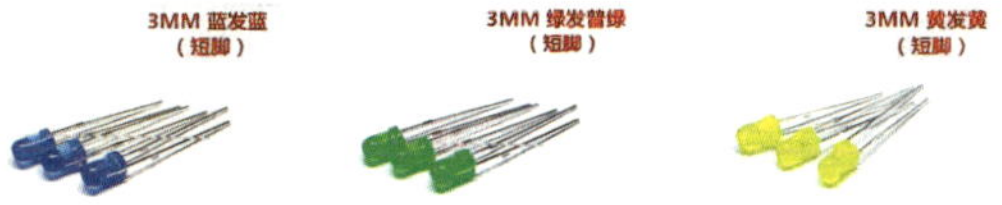

图 4-11　状态指示灯

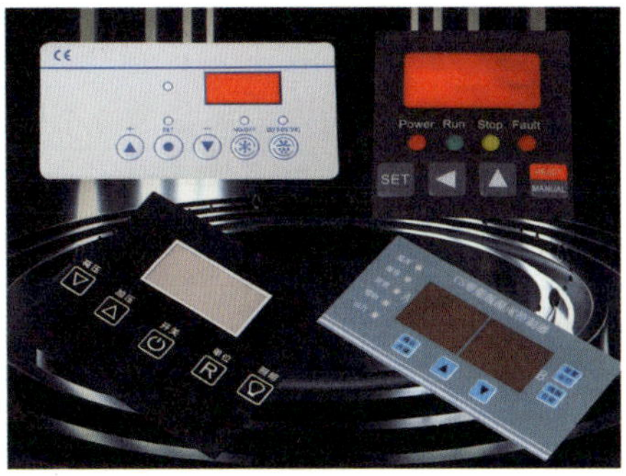

图 4-12　定制式薄膜开关面板

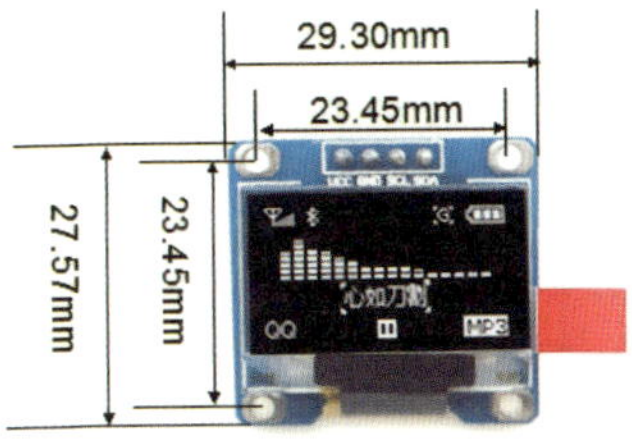

图 4-10　0.96 英寸 OLED 屏

DC电源公母头产品参数：
规格5.5mm×2.1mm DC公母头锁螺丝DC头
使用温度：-50℃—68℃
胶棒处标示着正负极。
接头塑胶：防暴晒/抗氧化PVG塑胶
传输电流：10A（1V—36V）
传输电压：1V—36V
传输功率：120W

图 4-13 DC 直流源公头、母头及其参数

第三节　加湿器的功能实现

一、加湿器硬件模块列表

经硬件选型，整个加湿器硬件系统所需要的硬件模块类型、型号及对应的功能如表 4-1 所示。

二、硬件系统搭建

在加湿器中，主控芯片 ESP32 是整个系统的核心，在工作时，它一直通过温湿度传感器检测周围的温湿度，输出信号使超声波微孔雾化片将水箱中的纯净水雾化，再分别发出风扇信号和消毒信号控制鼓风机和 UVC 消毒灯，当 ESP32 主控制芯片通过液位检测传感器检测到水箱中水量不足时，加湿器停止工作，缺水提示灯点亮，同时通过网络方式向用户手机 App 发送缺水警告。用户可以通过功能按键选择空气湿度的上限阈值，也可以设定加湿时长、吹送风力大小等，所做的设置及加湿器状态通过指示灯及 OLED 屏进行显示。整个硬件系统的原理框图如图 4-14 所示。其中单向箭头表示数据或信息的流动方向，可以看出，温湿度传感器 DHT11、液位检测传感器 FS-IR12 是负责将加湿器的温度、湿度和液位高度等环境信息传递给智能产品的“大脑”，属于环境信息感知设备；超声波雾化片、微型鼓风机和 UVC 杀菌灯用于改变加湿器周围环境状态，属于输出执行设备；按键面板是负责将用户的要求传递给智能产品的“大脑”，属于用户输入设备；状态指示灯和 OLED 屏负责将“大脑”中的信息传递给用户，属于输出设备；主控芯片 ESP32 内嵌的 Wi-Fi 模块负责与路由器连接，为连入互联网做准备，属于通信设备。所有各类设

表4-1　加湿器所需硬件模块列表

序号	硬件类型	硬件型号	功能说明
1	MCU	ESP32	主控芯片，加湿器的“大脑”，集成Wi-Fi和蓝牙
2	传感器1	DHT11	温湿度传感器，用于检测加湿器周边环境温度和湿度
3	传感器2	FS-IR12	液位传感器，用于水箱缺水保护
4	执行设备1	超声波雾化片	用于将纯净水雾化
5	执行设备2	微型鼓风机	静音防水，用于快速将水雾吹送到加湿器周围
6	执行设备3	UVC杀菌灯	UVC深紫外杀菌灯，有效消除水雾中的细菌
7	输入设备	薄膜面板	定制式薄膜开关面板，实现用户各种按键操作
8	输出设备1	OLED屏	向用户传达显示加湿器相关信息
9	输出设备2	LED彩灯	用于指示加湿器工作状态
10	通信模块	Wi-Fi	主控芯片内集成，使加湿器通过路由器连入互联网
11	其他模块	电源接口	采用DC电源给加湿器供电

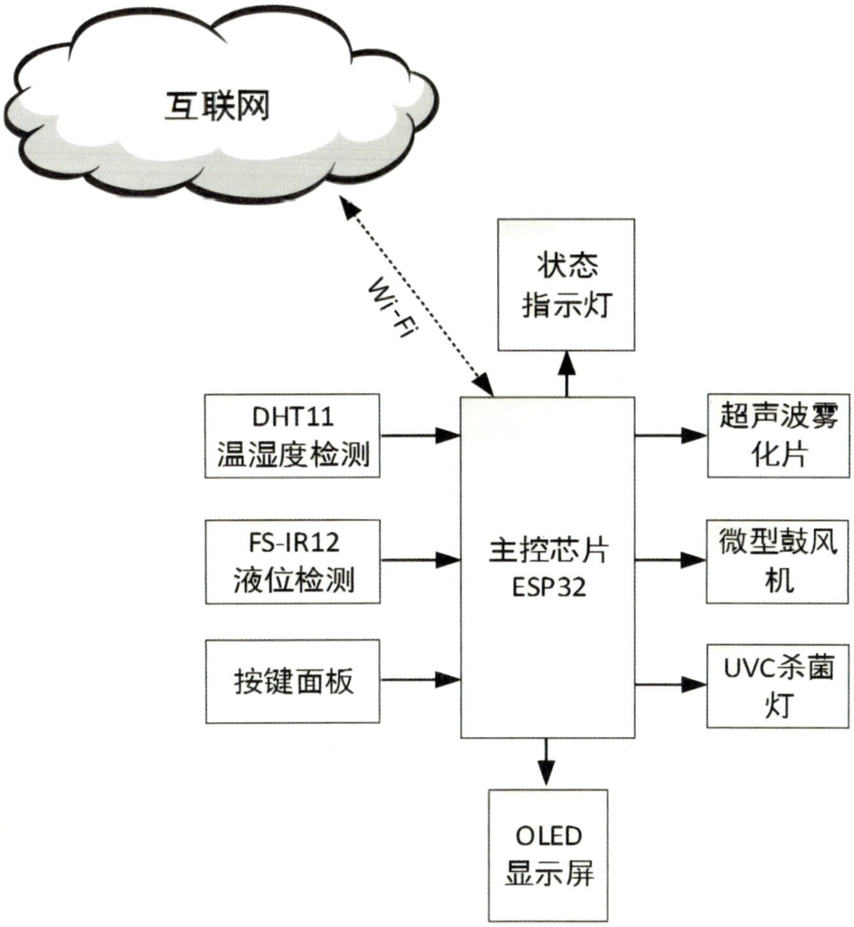

图 4-14　加湿器硬件电路原理框架图

备都是围绕着主控芯片这个“大脑”来协调开展工作的。

在实际开发过程中，要想这些硬件模块能实现指定的功能，首先必须在物理连接上使用电路将它们连接起来。整个硬件电路设计开发过程包括电路原理图设计、印制电路板（PCB）设计、电路板打板、焊接和硬件电路测试等环节，但由于这些环节需要有一定电子技术基础，具体过程不在本书展开。

三、加湿器软件实现思路及系统整体框架图

一款智能产品具有“智能”的关键因素在于它的内部嵌有能推理、会思考、懂决策的“大脑”，能根据“大脑”的推理思考和决策的需要调动感知、执行、输入、输出和通信等五大硬件模块协调工作，从而实现智能产品的各种功能。主控芯片如何协调各类硬件模块协同工作，又取决于其内部事先写好的软件程序。

在本案例中，整个智能系统包括了本地的加湿器端、远程的云服务器端，以及供用户远程使用的用户端（包括手机 App 端和 Web 端）。这三端有各自的功能，同时相互之间又有联系。首先，加湿器端是整个系统的核心，负责本地的加湿、送风、杀菌消毒等核心功能，并将加湿器周围温度、湿度等环境信息及它本身的工作时长、风力大小等状态随时上传到云服务器端，同时还可以从云服务器端接收来自用户端的远程配置信息或开关机命令等控制信息。其次，对于云服务器端而言，它承担的主

要是数据存储和信息的收发、中转等任务，一方面接收加湿器端上传的各种信息并存储起来，同时可以根据需要将数据传输给 App 端或 Web 端供用户查看；另一方面它可以接收来自客户端的用户配置信息或开关机命令等控制信息，并将这些信息通过互联网发送给加湿器去执行。最后就是用户端，对用户而言，用户端的 App 端和 Web 端只是使用形式上不同，功能上是一样的。用户端主要作用是方便用户能够随时随地通过手机 App 端或 Web 端远程查看加湿器的状态，以及对加湿器的工作状态进行远程设置或操控。

整个加湿器物联网智能系统的工作流程如图 4-15 所示。

对于没有技术基础的用户甚至设计人员而言，容易把加湿器本体当成加湿器系统的全部，事实上整个加湿器系统包括了加湿器本体、远程服务器和用户手机 App 端及 Web 端等内容，它们之间的关系如图 4-16 所示。

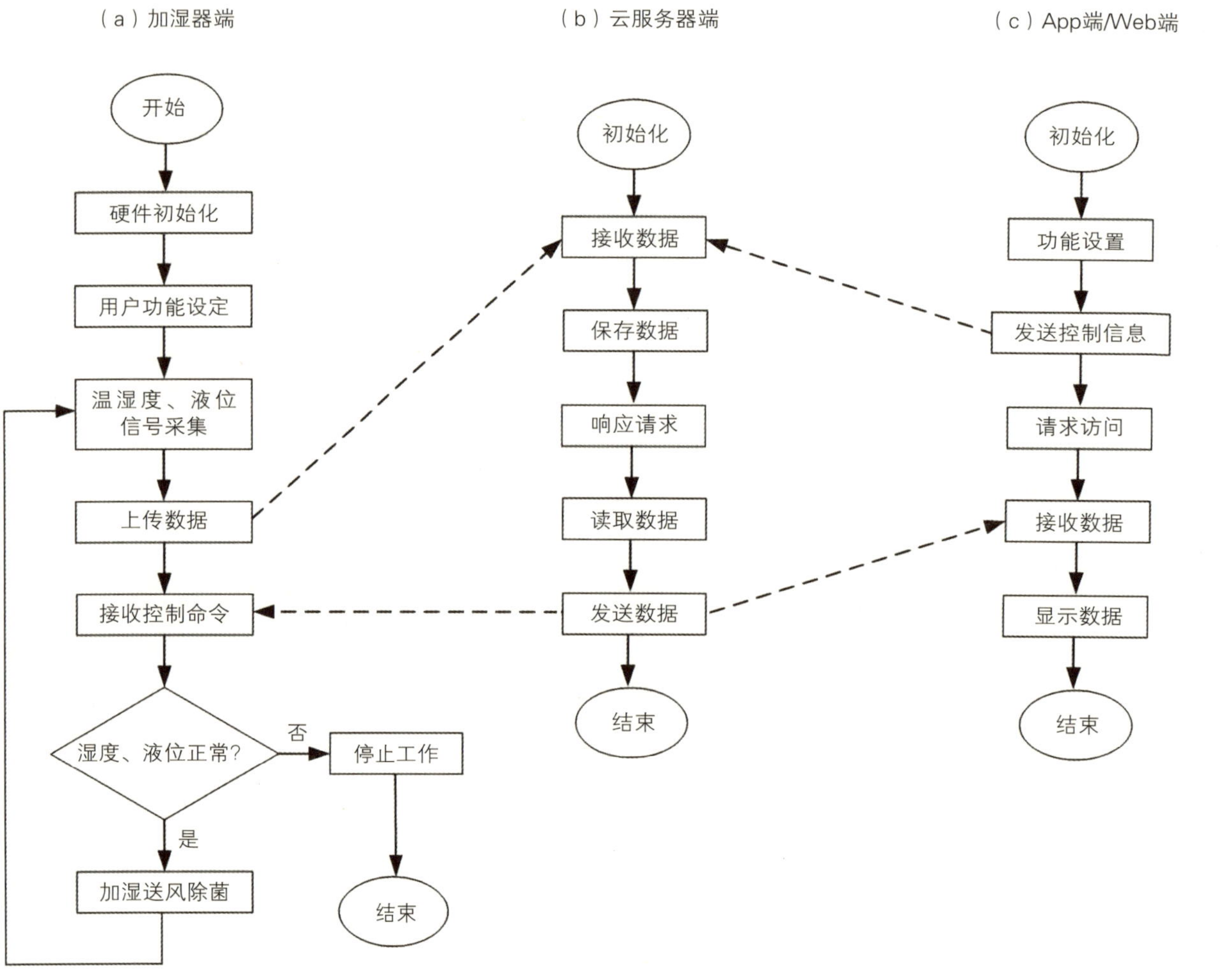

图 4-15　加湿器本地端、云服务器端和 App 端 /Web 端工作程序流程图

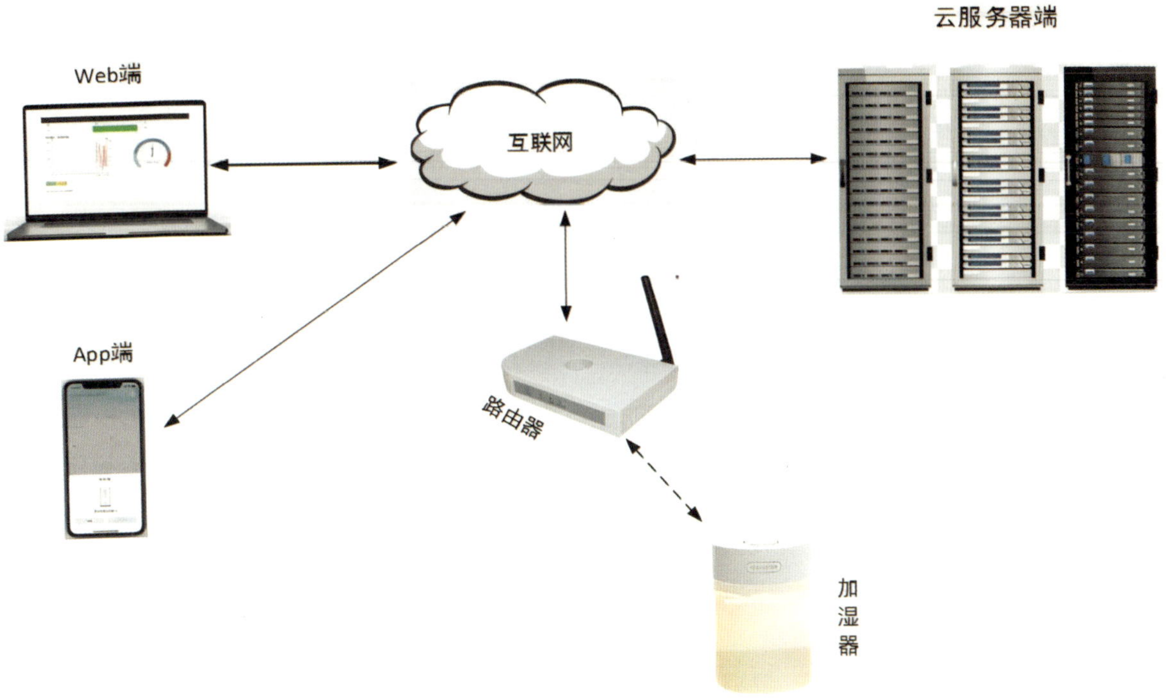

图 4-16　加湿器完整物联网系统框架图

第四节　加湿器造型及结构设计要求

一款智能产品由构成外观造型的壳体、实现产品功能的电子电路及零部件组成，产品壳体跟产品电路板及零部件如何安装固定又涉及产品结构设计问题。也就是说，智能产品的实现需要有产品外观造型设计、智能系统设计和产品结构设计三大块内容。产品结构设计主要考虑的是产品如何安装固定的问题，包括产品内部静态结构设计和动态机械结构设计两部分。一个产品是否实用除了取决于它的功能外，美观实用的外观造型和优秀的结构设计也十分重要。可以说，加湿器内部结构的好坏，除了考验结构设计师对产品功能及技术原理的理解外，更加考验结构设计师全方位的空间想象力和跨领域的协调整合能力。

由于本书以讲述智能产品的相关技术问题为主，产品造型设计和结构设计的设计过程不是本书重点，这里仅从信息技术角度讲述一下加湿器的造型设计和结构设计过程中要注意的问题。

一、硬件模块接口设计要求

经过前面几个环节，得到了一系列关联零件来实现加湿器的各项功能，这些关联零件包括加湿器的主控电路板，以及跟主控电路板连接的温湿度传感器、液位检测传感器、静音防水鼓风机、超声波微孔雾化片、UVC 消毒灯、按键模块和 OLED 屏幕等模块。在设计加湿器的外观造型及分件壳体时，要根据加湿器的技术原理和工作过程在合适的位置预留合适的接口，从而能把电路板和所有零部件安装固定在加湿器内部。在设计过程中，既要考虑产品结构紧凑、外观造型美观，也要注意安全耐用、性能优良，还要易于制造、降低成本。

对于加湿器内部而言，主控电路板是整个系统的硬件核心，其他所有模块都是以连接的方式围绕着电路板来展开的。其中，电源接口给整个加湿器供电；功能按键方便用户操作；LED 彩灯和 OLED 屏用于给用户展示加湿器的工作状态和内部信息；温湿度传感器用于检测室内温湿度并把检测结果传递给主控电路板；液位传感器用于检测水箱中剩余的水量信息；超声波微孔雾化片在主控电路板的控制下将液态水转换成水雾，同时 UVC 消毒灯对水雾杀菌消毒；最后鼓风机把消杀后的水雾吹送出去。

模块间的相对关系及工作流程如图 4-17 所示，其中白色的大框为加湿器外边界，浅蓝色框体表示加湿器内部不同的物理空间，浅灰色框体表示电路周边功能模块，框体与框体的衔接表示需要有空间接口预留，如温湿度传感器、OLED 屏、LED 彩灯组等浅灰色模块表示在外观造型设计时需要预留安装固定孔位，超声波微孔雾化片、液位传感器、UVC 消毒灯模块需要在消毒雾化区的相关结构处预留安装固定孔位，出风通道中需要给鼓风机预留安装固定孔位。同时，所有连线均表示模块之间有物理线路连接，需要预留相应布线空间。

模块具体要求如下：

主控电路板。由于 ESP32 内含无线通信模块，为了不影响无线通信质量，模块周边应尽量保持空旷，尽量避免大功率元件、变压器、喇叭和继电器等容易造成信号干扰的部件。同时，为使模组获得最佳通信性能，通信模块的天线应靠近壳体边缘，并在壳体上预留孔位。

电源插口。由于加湿器需要经常换水，可能会有少许水滴洒落到加湿器外表面，因此在进行电源插口部位的壳体设计时，要特别注意防水设计。另外，考虑美观影响，插口最好在加湿器的后方或侧方。

人机交互模块。包括功能按键、LED 彩灯和

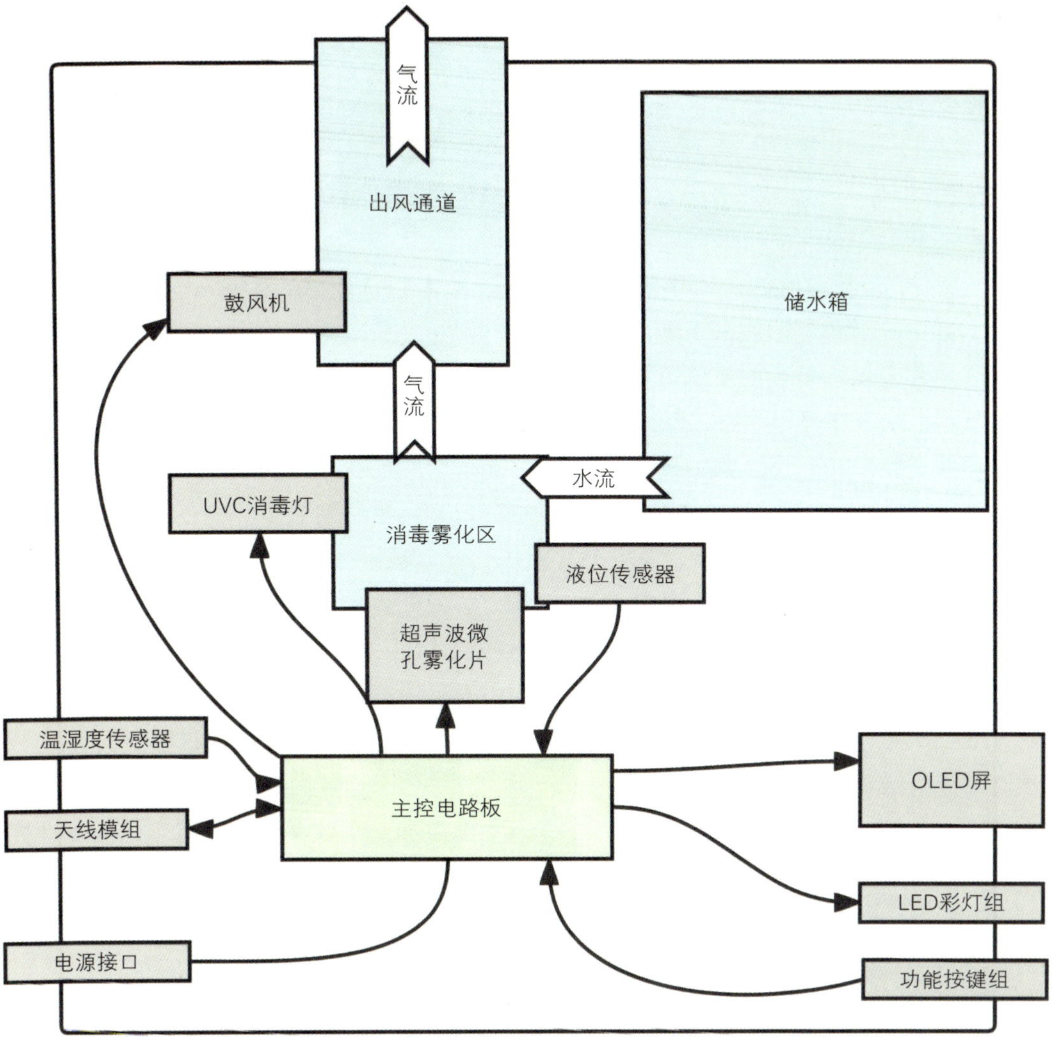

图 4-17　加湿器内部模块工作流程框架图

OLED 屏，设计时要充分考虑产品的美观以及用户操作使用的方便，比如可以把三者都设置在加湿器的前方以方便用户使用。同时根据产品外观造型的特点和产品的定位，把这些模块作为某种元素融入产品的造型中。

温湿度传感器。为了使温湿度检测更加精确，温湿度的安装位置需要在壳体上预留孔位，同时还要避开加湿器内部容易发热的元器件，还要注意跟雾化区域及出风通道的物理隔离。

消毒雾化区。该区域为加湿器的功能核心区域，超声波微孔雾化片应该通过该区域的底部开孔相连，并且要做好水、气隔离；液位传感器的固定位置和角度要方便检测区域底部是否还有水；选择合适的角度，使安装固定好的 UVC 消毒灯发出的紫外线能对雾化区域的液态水和气态水雾进行消毒，同时，消毒雾化区的水流入口和气流出口位置、孔径需要设置合理，结构设计中还要防止水流入口处出现气流倒灌等现象。

鼓风机。鼓风机有入风口和出风口，其中出风口用于将加湿器雾化后的水雾吹送到周围空气中，而入风口用于进风。在进行结构设计时，由于鼓风机通常安装在加湿器内部，正好可以利用鼓风机的抽风作用给内部元器件降温散热，不过需要在加湿器壳体的底部或侧边预留合适的缺口，具体缺口大小取决于鼓风机的额定送风量。

二、其他要求

（一）拆卸结构

加湿器内壁因为潮湿容易滋生细菌或真菌，使用时间越长，细菌数越多，即使采用无菌凉开水也无法避免。普通加湿器水箱底部及出风口的菌落情况如表 4-2 所示，从表中可以看出，第一天时水箱底部和出风口都非常干净，但至第七天水箱底部和出风口的菌落数量分别达到了 440000 cfu/ml 和 3600 cfu/ml。一般来说，菌落总数越高，对人体的危害就越大，按照食品安全国家标准，蔬菜水果的菌落数量标准为 200 cfu/ml 以下，牛奶等乳制品标准为 100 cfu/ml 以下。因此，为守护用户的健康，加湿器除了需要每天换水外，水箱内部及出风通道附近都应该时常进行清洗。

表4-2 加湿器水箱7天菌落变化表

检测时间	检测位置	菌落数量（cfu/ml）	检测标准
第1天	水箱底部	5	食品安全国家标准 GB 4789.2-2016
	出风口	0	
第7天	水箱底部	440000	
	出风口	3600	

另外，加湿器内部的 UVC 消毒灯可以通过紫外线对水箱雾化区域的水和雾进行杀菌消毒，但使用一段时间后，紫外线灯管表面容易沉淀灰尘和油垢，灰尘油垢会阻碍紫外线的穿透和辐射效率，影响杀菌效果。因此每隔一段时间需要使用 75% 酒精棉球对紫外线灯管擦拭清洁，保持灯管的洁净和透明。

因此，无论是水箱箱底或通风管道的擦拭清洗，还是 UVC 消毒灯的擦拭清洁，都要求设计师在进行加湿器结构设计时，把这些部件设计成方便拆卸清洗的结构。

（二）水箱容积

主流超声波微孔雾化片的雾化速度大概为 100ml/h—300ml/h，具体雾化速度的高低取决于加湿器的使用场景。如果用于办公室、客厅等较大空间的加湿，可以选用雾化速度高一些的超声波微孔雾化片；反之，如果用在卧室等小空间则可以选用低速雾化片。

另外，加湿器每天的工作时长通常为上午加湿 1—3 小时，下午加湿 1—3 小时，晚上加湿 3—5 小时，即每天需要加湿 5—10 小时，具体时长取决于自然环境的温湿度和是否开空调等。

综合考虑雾化速度和每日加湿时长，以及每日水箱换水一次顺便清洗的需求，可以计算出水箱容积范围为 0.5L—3L，具体容积取决于加湿器使用空间的产品定位。

（三）材料选择

加湿器水箱和雾化区域、出风通道是滋生细菌的重灾区，除了使用拆卸结构方便用户清洁和使用 UVC 消毒灯进行消毒外，还可以将这些部件的材料选用抑菌镀层的 ABS 材质，用户容易清洁的同时还能有效降低细菌的繁殖速度。此外，如果加湿器带有香薰功能的话，虽然可以将精油直接滴入水中使用，但因为精油对抑菌 ABS 材质的镀层及消毒灯有腐蚀作用，会影响消毒灯和抑菌材料的使用性能和效果。因此，最好设计独立的精油盒，并选用玻璃等防腐蚀材质作为精油盒材料。

参考资料

[1] 中国人工智能 2.0 发展战略研究项目组 . 中国人工智能 2.0 发展战略研究 [M]. 杭州：浙江大学出版社，2018.

[2] 卡尔 •T. 乌利齐，史蒂文 • 埃平格 . 产品设计与开发 [M]. 杨青等译 . 6 版 . 北京：机械工业出版社，2018.

[3] 李开复，王咏刚 . 人工智能 [M]. 北京：文化发展出版社，2017.

[4] 孙凌云编著 . 智能产品设计 [M]. 北京：高等教育出版社，2020.

[5] 少宇 . 智能硬件产品：从 0 到 1 的方法与实践 [M]. 北京：机械工业出版社，2021.

[6] 张德发，刘加海 . 电子产品设计概论 [M]. 北京：海洋出版社，2015.

[7] 艾伦 • 科恩 . 硬件产品设计与开发：从原型到交付 [M]. 武传海、陈少芸译 . 北京：人民邮电出版社，2021.

[8] 刘修文主编 . 物联网技术应用——智慧校园 [M]. 北京：机械工业出版社，2019.

[9] 韩东，陈军 . 人工智能：商业化落地实战 [M]. 北京：清华大学出版社，2018.

[10] 唐韧 . 产品经理必懂的技术那点事儿 [M]. 北京：电子工业出版社，2017.

后 记

本书精准对接国家战略性新兴产业——数字创意产业，以国内外优秀企业的代表性智能产品为参考，将“云物大智”等新一代信息技术融入产品设计，进行产品创新设计与信息技术相融合的专业探索，旨在实现产品设计人才培养目标，对接企业复合型人才的用人特点，实现教育供给侧改革，满足国家数字创意产业转型升级与智能化发展的人才需求。

本书主要面向读者为数理基础较弱的产品设计人员，他们需要在产品设计中融入信息技术，但他们又是属于形象思维非常强，但逻辑思维方法和数学物理基础相对较弱的群体。因此，在教材内容编写过程中主要遵循以下三个原则：

“够用为度”原则。“够用”有两个方面的含义：首先，通过精选设计师和技术工程师沟通所需的基础技术知识，让设计师理解技术实现原理，尽可能减少与工程师对话的专业障碍；其次，通过对技术知识的学习，增强设计师在产品功能设计过程中的技术整合创新能力。

“两不讲”原则。主要讲述设计人员能理解、能听懂的技术基础知识，技术难度太大的知识不讲，对数学知识或逻辑要求太高的知识不讲。

“学以致用”原则。不要求掌握具体的技术实现，只要求能通过对软硬件技术基本概念和原理的理解，让设计师学会利用技术知识对产品进行创新和优化，包括产品设计过程中对各种硬件模块的理解、选用思路和结构装配上的接口预留，以及将各种软件技术在产品设计过程中的创新性运用等。

本书在编写过程中得到了编委会桂元龙教授的大力支持，董立国、古智锋和赖宇静等老师参与了教材部分文字整理和图表绘制工作，还有在编写过程中人民美术出版社给予的支持和理解，在此一并表示诚挚的感谢，正是有你们的帮助才使得本书有机会与广大读者见面。

当然，“新设计 + 新技术”是一个实践性很强的新兴课题，并非几本教材就可以彻底解决问题。本书旨在抛砖引玉，希望能对高职高专、应用型本科设计实训教学提供有益参考和帮助的同时，有更多的专家和学者撰写更加优秀的教材，促进数字创意设计产业的进一步发展。

编者

2023 年 12 月